Simone Grötsch

Go Green – Ein relevanter Faktor für den Unternehmenserfolg?

Grötsch, Simone

Go Green – Ein relevanter Faktor für den Unternehmenserfolg?

Wismarer Beiträge zum Consulting, Band 5
Herausgegeben von:
Prof. Dr. Thomas Wilke
Prof. Dr. Kai Neumann
Prof. Dr. Jürgen Zeis
Prof. Dr. Andreas von Schubert

1. Auflage 2012 | ISBN: 978-3-86741-767-9
© Europäischer Hochschulverlag GmbH & Co. KG, Bremen, 2012.
Alle Rechte vorbehalten.

Simone Grötsch

Go Green – Ein relevanter Faktor für den Unternehmenserfolg?

Wismarer Beiträge zum Consulting, Band 5

www.eh-verlag.de

Vorwort

Die vorliegende Arbeit beschäftigt sich mit der Frage, ob Umweltschutz und umweltorientiertes Handeln für einen Unternehmer sinnvoll und für den Erfolg eines Unternehmens relevant sind. Um diese Fragen zu beantworten, erfolgt eine Auswahl von Einflussgrößen auf das Unternehmen. Mit dieser Arbeit soll dem Leser ein Überblick über einzelne Stakeholder, deren Einflussmöglichkeiten sowie deren Entwicklungen in jüngster Zeit gegeben werden.

Nach Beantwortung der eingangs gestellten Fragen werden Handlungsoptionen für den Unternehmer aufgezeigt. Aus diesen Beispielen ergeben sich Möglichkeiten für die Unternehmensberatung. Diese werden anschließend thematisiert.

Der Arbeit wurden verschiedene Prämissen zugrunde gelegt: Zum Einen wird unterstellt, dass die Ressourcen der Erde endlich sind, d. h. Rohstoffe, Wasser, Luft, Boden, etc. stehen nicht in unbegrenztem Ausmaß für den Mensch zur Verfügung. Mit Erreichen dieser natürlichen Grenze wird es zu Knappheiten kommen, welche den Zugang von Unternehmen zu notwendigen Einsatzfaktoren erschweren. Auch beeinflussen diese Knappheiten die Lebensumstände von Menschen nachteilig und damit gleichzeitig die Bedingungen für ein Unternehmen. Zum Anderen wird angenommen, dass der Klimawandel grundsätzlich negative Folgen für Mensch und Unternehmen hat. Diese Sichtweise ist häufig umstritten und wird auch in der Literatur immer wieder kontrovers diskutiert. Nichtsdestotrotz basiert diese Arbeit auf der Annahme, dass der Klimawandel langfristig die Lebensbedingungen auf der Erde verändert, z. B. durch Trockenheiten, Überschwemmungen, heftige Wettererscheinungen wie Stürme, etc. Hierdurch wird nicht nur der Mensch in seiner Existenz beeinträchtigt, sondern auch ein Unternehmen bei seiner Standortwahl, Ressourcenbeschaffung, etc.

Die Eingriffe des Menschen in das ökologische System und die Folgen daraus sind sehr komplex und weitreichend. Die vorliegende Arbeit gibt dem Leser einen Überblick darüber. Dies gilt gleichermaßen für mögliche Handlungsalternativen.

Inhalt

Abbildungsverzeichnis	1
Tabellenverzeichnis	2
Abkürzungsverzeichnis	3
1. Einleitung	5
2. Theoretischer Ansatz	7
2.1 Unternehmenserfolg	7
2.2 Definition Trend	9
2.3 Definition Umwelt	10
2.4 Gesamtwirtschaftlicher Zusammenhang	11
2.5 Ökologie im Verbund mit Nachhaltigkeit	13
3. „Go Green" und der Einfluss auf den Unternehmenserfolg	16
3.1 Stakeholder-Analyse	17
3.1.1 Einfluss der Politik	18
3.1.1.1 Allgemein	19
3.1.1.2 Völkerrecht	23
3.1.1.3 EU-Ebene	25
3.1.1.4 EMAS-Verordnung	27
3.1.1.5 Deutschland	29
3.1.1.6 Fazit	31
3.1.2 Private Institutionen	32
3.1.3 Einfluss der Beschaffungskette	35
3.1.4 Einfluss der Öffentlichkeit	37
3.1.5 Einfluss der Kapitalgeber	40
3.1.6 Einfluss der Mitarbeiter	42
3.1.7 Sicherung von Wachstum	44
3.2 Einfluss auf den Unternehmenserfolg	45
3.2.1 Einfluss auf den Umsatz	46
3.2.2 Einfluss auf die Kosten	50
3.3 Zusammenfassung	54
4. Instrumente zur Umsetzung einer Umweltstrategie	58
4.1 Implementierung gem. der Normenreihe ISO 14000	58
4.1.1 Umweltmanagement-System	60
4.1.2 Audit	64
4.1.3 Umweltbezogene Kennzeichnung	66
4.1.4 Etablieren einer ökologischen Berichterstattung	68
4.1.5 Umweltleistungsbewertung	72
4.1.6 Umweltaspekte in der Entwicklung	75

4.1.7	Umweltkommunikation	77
4.1.8	Zusammenfassung Normenreihe ISO 14000	79
4.2	Allgemeine Umweltmanagementansätze	80
4.2.1	Erweiterte Kosten- und Leistungsrechnung	80
4.2.2	Flusskostenrechnung	82
4.2.3	Umweltbezogene Balance Scorecard	83
4.3	Möglichkeiten für die Unternehmensberatung	85
4.4	Zusammenfassung	88
5.	**Abschließende Gedanken**	**90**
6.	**Literaturverzeichnis**	**93**

Abbildungsverzeichnis

Abbildung 1: Umweltbegriff 10

Abbildung 2: Folgen des Klimawandels 11

Abbildung 3: Szenarien für die Wirtschaftsentwicklung 13

Abbildung 4: Komponenten der Nachhaltigkeit 14

Abbildung 5: Entwicklung und Zunahme von Umweltmanagementsystemen 16

Abbildung 6: Stakeholder eines Unternehmens 17

Abbildung 7: Einbeziehung von externen Effekten 21

Abbildung 8: Veränderung in der Umweltpolitik 24

Abbildung 9: EU-Grundsätze 26

Abbildung 10: Prinzipien des Umweltrechts in Deutschland 30

Abbildung 11: Veränderung in der Umweltpolitik 31

Abbildung 12: Unternehmensübergreifende Wertketten 35

Abbildung 13: Verhältnis Unternehmen zu Verbraucher und Wettbewerber 46

Abbildung 14: Positionierung durch Umweltschutz 49

Abbildung 15: Innerbetriebliche Wertkette 51

Abbildung 16: Ansatzpunkte von Einsparungen 53

Abbildung 17: Unternehmensziele 56

Abbildung 18: Strategien zur Umsetzung von Umweltmaßnahmen 57

Abbildung 19: Dokumente für ein Umweltmanagementsystem 59

Abbildung 20: Ablauf Umweltmanagement-System 61

Abbildung 21: PDCA-Zyklus 62

Abbildung 22: Darstellung Audit-Prozess 65

Abbildung 23: Ablauf Einführung Berichterstattung 70

Abbildung 24: Ökobilanz und Anwendung 71

Abbildung 25: PCDA-Zyklus für Umweltleistungsbewertung 73

Abbildung 26: Differenzierung der Umweltleistungsbewertung an einem Beispiel 74

Abbildung 27: Einflüsse auf die Entwicklung 76

Abbildung 28: Einflussfaktoren auf die Umweltkommunikation 78

Abbildung 29: Erweiterter Kostenbegriff 81

Abbildung 30: Flusskostenmodell 83

Tabellenverzeichnis

Tabelle 1: Übersicht Kennzeichnungsarten 67

Tabelle 2: Beispielhafte Darstellung der Umweltperspektive 84

Abkürzungsverzeichnis

B.A.U.M.	Bundesdeutscher Arbeitskreis für Umweltbewusstes Management e.V.
BImSchG	Bundesimmissionsschutzgesetz
Bitkom	Bundesverband Informationswirtschaft, Telekommunikation und neue Medien, e.V.
BMU	Bundesumweltministerium
BRD	Bundesrepublik Deutschland
BSC	Balance Scorecard
BSP	Bruttosozialprodukt
BUND	Bund für Umwelt und Naturschutz Deutschland
CO_2	Carbon dioxide
CSR	Corporate Social Responsibility
DIN	Deutsche Industrienorm
EMAS	Eco Management and Audit Scheme
EMASVO	Eco Management and Audit Scheme-Verordnung
EN	Europa Norm
EPE	Environmental Performance Evaluation
EU	Europäische Union
G8	Gruppe der Acht
GRI	Global Reporting Initiative
GVK	Grenzvermeidungskosten
HDE	Handelsverband Deutschland
HGB	Handelsgesetzbuch

Hrsg.	Herausgeber
ISO	International Standardisation Organisation
IT	Informationstechnologie
Ital.	italienisch
KfW	Kreditanstalt für Wiederaufbau
KMU	Kleine und mittelständische Unternehmen
LCA	Life Cycle Assessment
LOHAS	Lifestyle of Health and Sustainability
NAI	Natur-Aktien-Index
NGO	Non Governmental Organizations
OECD	Organisation for Economic Co-operation and Development
PC	Personal Computer
PDCA	Plan-Do-Check-Act
QM	Qualitätsmanagement
Schwed.	Schwedisch
SRI	Socially Responsible Investment
TWh	Terrawattstunde
UIP	Umweltinnovationsprogramm
UNEP	United Nations Environment Program
Uwf	Umweltwirtschaftsforum
Vgl.	Vergleiche
WWF	World Wide Fund For Nature

1. Einleitung

> „Die Fragen sind es, aus denen das, was bleibt, entsteht."
> *Erich Kästner (1899-1974), dt. Schriftsteller*

In allen Medien ist derzeit die Rede von Umweltschutz, Klimawandel, Nachhaltigkeit und Ökologie. Der Eisbär wurde zum Symbol für das Abschmelzen der Eismassen und damit für die verheerenden Folgen des menschlichen Handelns.[1] Die Hungersnot in Somalia im Jahre 2011 wird der Klimaveränderung zugerechnet und zeigt damit deutlich negative humanitäre Begleiterscheinungen auf.[2] Hinsichtlich einer Zeit, in der „Bio" schick ist und die Partei „Bündnis 90/Die Grünen" zu einer etablierten politischen Kraft zählt[3], wird der Konsument in Nachrichten und Werbeslogans zum Kauf von nachhaltigen Produkten aufgefordert. Egal wer ein Haus baut, ein Auto erwirbt oder nur Dinge des alltäglichen Gebrauchs wie Lebensmittel kauft ist gleichzeitig mit den Schlagworten Energieverbrauch, Wärmedämmung, Spritsparen, CO2-Ausstoß, Kosteneinsparung, Regionalität konfrontiert[4]. Jeder wird angehalten etwas zur Rettung des Planeten beizutragen. Plakativ formuliert es die Deutsche Post mit ihrem neuen Slogan „Go Green"[5]. Sind dies nur Marketing-Gags, um sein Produkt zu promoten oder denken Unternehmen tatsächlich um? Handelt es sich lediglich um einen Hype in der Gesellschaft, den kein Unternehmen verpassen darf und der in wenigen Jahren wieder vom Markt verschwunden ist? Oder müssen Unternehmen umweltfreundlicher handeln, um langfristig wettbewerbsfähig zu bleiben und um ihre Kunden zu überzeugen?

Zudem sind für Konsument und Unternehmer gleichermaßen die Auswirkungen der Globalisierung spürbar: Günstige Produkte kommen aus Niedriglohnländern auf den lokalen Markt, ansässige Unternehmen sehen sich einem wachsenden Konkurrenzdruck gegenüber.[6] Die Schnelllebigkeit und die verkürzten Innovationszyklen, vor allem im IT-Bereich, verändern das Umfeld und führen zu hohem Innovationsdruck auf Seiten der Unterneh-

---

[1] Vgl. [Visuelle Politik].
[2] Vgl. [Drieschner 2011].
[3] 1998 wurde „Bündnis 90/die Grünen" der Koalitionspartner der SPD und damit ein wichtiger Partner auf Bundesebene. Spätestens seit diesem Zeitpunkt können „Bündnis90/die Grünen" als etablierte Partei in Deutschland angesehen werden. Vgl. [Baus], S.165.
[4] Bei der Aufzählung handelt es sich um einige Schlagworte aus verschiedenen Werbeslogans unterschiedlicher Hersteller.
[5] Vgl. [Deutsche Post Internetauftritt].
[6] Vgl. [Globalisierungsfakten].

men.[7] Dies führt dazu, dass die Anforderungen an eine erfolgreiche Unternehmensführung steigen. Wo gestern noch eine sehr gute Qualität gefragt war, rückt der Preis zunehmend in den Vordergrund. Wenn sich Unternehmen langfristig am Markt etablieren wollen, müssen sie sich immer wieder von der Konkurrenz abheben. Nur die Unternehmen werden erfolgreich sein, die es schaffen, sich schnell an die sich ändernden Gegebenheiten anzupassen. Heute stehen die Unternehmen vor der Aufgabe, sich einen langfristigen Wettbewerbsvorteil zu erarbeiten oder negativ ausgedrückt, sich nicht von besseren Unternehmen abhängen zu lassen.

Auch kommt die Ökologie ins Spiel: Die Rahmenbedingungen in Sachen Umwelt wandeln sich zunehmend. Welche Chancen der Umweltschutz für Unternehmen in sich trägt und wie sie sich frühzeitig auf die neuen Marktanforderungen einstellen können, ist vielen Unternehmern und Führungskräften noch unklar. Hieraus könnten sich Möglichkeiten für ein neues Feld in der Unternehmensberatung ergeben.

Zunächst soll diskutiert werden, ob die Themen Umweltschutz und Ökologie zu den Erfolgsfaktoren für Unternehmen gehören werden, welche Prämissen ein Unternehmer kennen sollte und woher dieser Trend stammt. Anschließend werden einige Möglichkeiten für das Tätigkeitsfeld von Unternehmensberatern im Zusammenhang mit dem Themenkomplex Umweltschutz vorgestellt.

---

[7] Vgl. [Schindler, 2002], S.1.

2. Theoretischer Ansatz

„Was heißt definieren? Dem Worte nach: in bestimmte Grenzen einschließen. Definieren lässt sich daher nichts als was von Natur in bestimmte Grenzen eingeschlossen ist."
Friedrich Schelling (1775-1854), dt. Philosoph

Vor der Analyse der Rahmenbedingungen sollen die verwendeten Begrifflichkeiten und ihre Bedeutung im Kontext dieser Arbeit dargestellt werden.

2.1 Unternehmenserfolg

„Es ist sinnlos zu sagen: Wir tun unser Bestes. Es muss dir gelingen, das zu tun, was erforderlich ist."
Winston Churchill (1874-1965), brit. Premierminister

Der Begriff Unternehmenserfolg wird sowohl in der Fachliteratur als auch im Sprachgebrauch vielfach verwendet, ohne dass es eine einheitliche Definition hierfür gibt. Grundsätzlich lässt er sich in drei unterschiedliche Kategorien unterscheiden:

a) Zielansatz: Ein Unternehmen ist dann erfolgreich, wenn es die gesetzten Ziele, z. B. vorgegeben durch Vorstand oder Aufsichtsrat, erreicht bzw. der Erfolg der Organisation ist abhängig vom Grad dieser Zielerreichung.

b) Systemansatz: Ein Unternehmen ist erfolgreich, wenn es seine langfristige Überlebensfähigkeit sichert. Davon wird ausgegangen, wenn es Zugang zu essentiellen Ressourcen und Kompetenzen hat. Sowohl der Zielansatz als auch der Systemansatz gehen davon aus, dass es definierte, nicht variable Erfolgskriterien gibt.

c) Interessenspluralistischer Ansatz: Ein Unternehmen ist erfolgreich, wenn es die Ansprüche verschiedener Interessensgruppen, z. B. Kunden, Aktionäre, Öffentlichkeit, Mitarbeiter, etc. erfüllt. Damit vereint dieser Ansatz Elemente des Ziel- und des Sytemansatzes. Bezeichnend am interessenspluralistischen Ansatz sind die Mehrdimensionalität der Ziele sowie die Konkurrenz der verschiedenen Ziele untereinander. Ein Beispiel dafür ist die Forderung nach Erwirtschaftung einer vom Investitionsrisiko abhängigen Verzinsung für eingesetztes Eigenkapital bei gleichzeitig langfristiger Beschäftigungssicherung für die Mitarbeiter.[8] Auf diesem interessenspluralistischen Ansatz basiert die vorliegende Arbeit.

Der Begriff Unternehmenserfolg in dieser Arbeit ist nicht mit der betriebswirtschaftlichen Definition der Begriffe Gesamterfolg oder Betriebserfolg

---

[8] Vgl. [Schönbucher 2010], S. 19 ff.

gleichzusetzen. Gesamterfolg ist eine Größe, welche in der Gewinn- und Verlustrechnung nach Vorgaben des Gesetzgebers im externen Rechnungswesen ermittelt wird.[9] Betriebserfolg ist das Ergebnis aus der kurzfristigen Erfolgsrechnung, also aus der Gegenüberstellung der Kosten einer Periode mit den Erlösen.[10] Die Erwirtschaftung des durch das Unternehmen angestrebten Gesamterfolges bzw. Betriebserfolges ist in jedem Fall ein Ziel im interessenspluralistischen Ansatz.

Um angemessene Ziele zu definieren, muss dem Unternehmen klar sein, welche Erfolgsfaktoren zum Unternehmenserfolg führen. Grundsätzlich ist ein Erfolgsfaktor eine Einflussgröße auf die Erreichung der Unternehmensziele wie z. B. Gewinnziel, Umsatzziel, Qualitätsziel, etc. Es gibt keine generelle Auflistung von Faktoren, die für den Unternehmenserfolg ausschlaggebend sind. Vielmehr sind für jedes Unternehmen individuelle abgeleitete Faktoren abhängig von:

a) Branche

b) Strategie

c) Zeit

d) Umwelt/Umfeld

Grundsätzlich können Erfolgsfaktoren innerhalb des Unternehmens liegen und sind damit direkt von der Unternehmensführung beeinflussbar (z. B. effizientes Planungssystem, hohe Qualität, Unternehmenskultur, Vision, Werte, Mitarbeitermotivierung, etc.). Oder Erfolgsfaktoren liegen außerhalb des Unternehmens und sind nicht/nur wenig beeinflussbar (z. B. Gesetzgebung, Politik, Medien, Bevölkerungszahlen, Marktentwicklung, Konjunktur, etc.). Da Erfolg immer die Summe aus der Interaktion unzähliger Faktoren ist, spielen viele Faktoren eine Rolle für den Gesamterfolg. In der Erfolgsfaktorenforschung zeigt sich, dass nur einige wenige Faktoren (ca. 3 bis 7) tatsächlich ausschlaggebend für Erfolg und Misserfolg sind. Diese wenigen Faktoren stellen somit die kritischen Erfolgsfaktoren dar.[11]

Die Kenntnis über die kritischen Erfolgsfaktoren ist für eine Unternehmung essentiell, um das Unternehmensziel zu erreichen bzw. hat sie einen großen Einfluss auf die Zielerreichung. Aus diesen Faktoren können Ziele und operative Maßnahmen zur Zielerreichung abgeleitet werden. Mit Hilfe der Identifikation von kritischen Erfolgsfaktoren ist es möglich, die gesamte Unterneh-

---

[9] Vgl. [Brühl 2004], S. 79.
[10] Vgl. [Brühl 2004], S. 290 f.
[11] Vgl. [Tereschenko/Kieneke 2007], S. 4 ff.

mung inkl. der operativen Maßnahmen darauf auszurichten.[12] Häufig werden in der Literatur drei Kriterien verwendet, um kritische Erfolgsfaktoren zu identifizieren, nämlich:

1. Kreieren eines Alleinstellungsmerkmales, d. h. Etwas, dass das Unternehmen vom Wettbewerb langfristig differenziert
2. Schaffung eines Kundennutzen, d. h. der Kunde muss dies subjektiv als Mehrwert wahrnehmen und schätzen
3. Vermeidung der Kopierbarkeit durch die Konkurrenz, d. h. das Merkmal ist nicht kurzfristig imitierbar.[13]

Diese Erfolgsfaktoren sind ausschlaggebend für den Unternehmenserfolg.

2.2 Definition Trend

> „Trends lassen sich – wie Pferde – leichter in jene Richtung lenken, in die sie sich ohnehin bewegen."
> *John Naisbitt (*1930), amerik. Prognostiker*

Der Begriff Trend wird in vielerlei Hinsicht gebraucht und gleichzeitig missbraucht. In der Literatur finden sich verschiedene Definitionen und Abgrenzungen. Der Begriff Trend im Kontext dieser Arbeit stammt aus der Soziologie und kennzeichnet eine sichtbare Veränderung in der Gesellschaft über einen sehr langen Zeitraum mit einer anzunehmenden Stetigkeit, beispielsweise ein verändertes Wertegefühl. Auf Basis von Vergangenheitsdaten werden Schlüsse auf die zukünftige Entwicklung eines Sachverhaltes gezogen. Neben diesen Fakten fließen auch nicht greifbare Informationen wie Annahmen oder Spekulationen mit ein, um Trends zu antizipieren. Es gibt eine eigene wissenschaftliche Disziplin zur Erforschung von gesellschaftlichen Trends: die Trendforschung.[14] Hintergrund dieser an Bedeutung gewinnenden Disziplin ist der Wunsch, die Zukunft und die damit verbundenen Auswirkungen auf das Unternehmen so früh wie möglich zu erkennen. Denn Misserfolge in einem Unternehmen werden häufig durch die Fehleinschätzung bzw. das Nicht-Erkennen von Risiken/Bedrohungen verursacht. Parallel dazu resultiert Erfolg meist aus möglichst frühzeitig erkannten Chancen. Deshalb sind Unternehmen sehr stark daran interessiert, Entwicklungen möglichst früh zu erkennen.[15] Trends geben demnach dem Unternehmer die Möglichkeit, seinen Wissensstand zu erweitern, indem sie mögliche, damit

---

[12] Vgl. [Caralli 2004], S. 18; [Klandt 2006], S. 166 ff.
[13] Vgl. [Tereschenko/Kieneke 2007], S. 4 ff.
[14] Vgl. [Pillkahn 2007], S. 125 ff.
[15] Vgl. [Pillkahn 2007], S. 46 ff.

verbundene Risiken und Chancen aufzeigen. Beim Arbeiten mit Trends ist Vorsicht geboten, da häufig eine reine Extrapolation von Vergangenem nicht ausreicht. Gepaart mit der hohen Unsicherheit des Zukünftigen sind Fehlschlüsse möglich. Dennoch sind seriöse Aussagen zu Trends sinnvoll und für den Unternehmer von hohem Wert.[16]

2.3 Definition Umwelt

„Der Mensch ist ein Teil der Natur und nicht etwas, das zu ihr im Widerspruch steht."
Bertrand Russell (1872-1970), brit. Philosoph

Unter dem Begriff Umwelt findet sich eine Vielzahl von Definitionen. Zum einheitlichen Verständnis liegt der vorliegenden Arbeit der anthropozentrische Umweltbegriff zu Grunde. Demnach besteht die Umwelt aus biotischen Umweltgütern, sowie aus abiotischen Kultur- und sonstigen Sachgütern, welche in einer Wechselbeziehung zueinander stehen:[17]

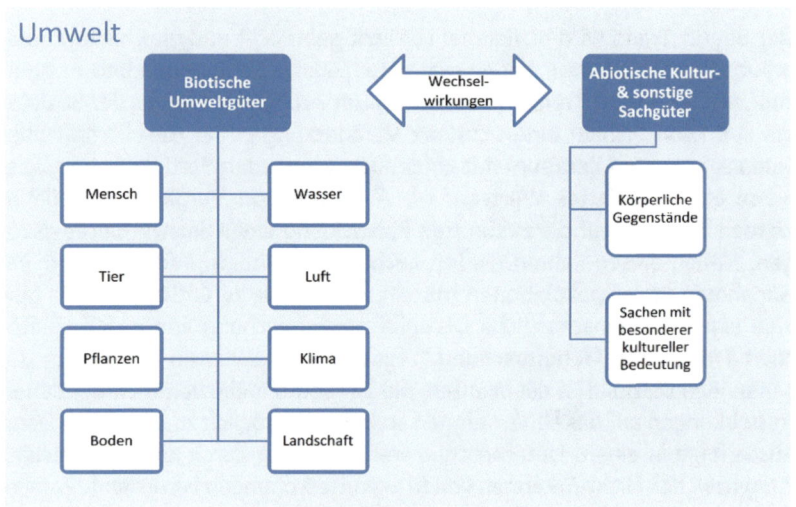

Abbildung 1: Umweltbegriff[18]

Umwelt kann sich somit immer auf ein einzelnes Umweltgut oder eine Gruppe von Gütern beziehen bzw. Umwelt beschreibt die Wechselwirkung zwischen verschiedenen Gütern.[19]

---

[16] Vgl. [Pillkahn 2007], S. 125 ff.
[17] Vgl. [Peters 2010], S. 1 ff.
[18] In Anlehnung an: [Peters 2010], S. 1 ff.

Ökologisches Handeln in diesem Zusammenhang bezeichnet damit jegliche Aktivitäten, welche einen positiven Einfluss auf die Umwelt nehmen bzw. welche die negativen Wechselwirkungen mit dieser so gering wie möglich hält. „Go Green" bezeichnet damit den Weg zu einem verstärkten Umweltschutzgedanken und einer zunehmenden Ökologisierung innerhalb von Organisationen.

2.4 Gesamtwirtschaftlicher Zusammenhang

> „Hinterlasse in der Natur keine Spuren, wo nicht einmal
> die Jahrhunderte die Ihrigen hinterlassen haben."
>
> *Aus Spanien*

Laut aktuellen Diskussionen kommen zwei Probleme auf Unternehmen zu: Zum einen sind dies die Folgen des Klimawandels und zum anderen die Endlichkeit natürlicher Ressourcen. Das Ausmaß der Auswirkungen einer möglichen Klimaverschiebung kann die Unternehmen auf verschiedene Weise treffen. In den drei Richtungen Ökonomie, Soziales und Ökologie werden die veränderten Rahmenbedingungen auf das Unternehmen Einfluss nehmen. Heute und in Zukunft kann dies beispielsweise folgendes sein:[20]

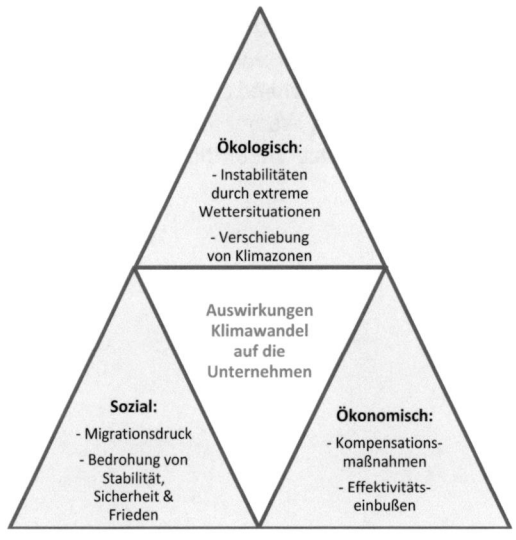

Abbildung 2: Folgen des Klimawandels[21]

---

[19] Vgl. [Peters 2010], S. 1 ff.
[20] Vgl. [Zabel 2010], S. 21 ff.
[21] In Anlehnung an: [Zabel 2010], S. 22.

Derzeit gehen die Meinungen, vor allem beeinflusst durch den Stern-Report 2006, dahin, dass aktuell die Schäden des Klimawandels ca. 1% des weltweiten Bruttosozialproduktes (BSP) betragen. Aufwendungen zur Stabilisierung des Klimas zum heutigen Zeitpunkt betragen schätzungsweise ebenfalls 1% des weltweiten BSP. Schäden aus einer Unterlassung könnten in Zukunft jedoch 5–20% des BIP ausmachen. In Angesicht dieser gravierenden Ausmaße wurde die 2°C–Linie für den maximalen globalen Temperaturanstieg international akzeptiert und zum Handlungsmaßstab erhoben: Neben den G8-Staaten haben insgesamt 133 Staaten diese magische Grenze als zu verfolgendes Ziel anerkannt.[22] Die gravierendste Aussage des Stern-Reports allerdings ist, dass die geschätzten Kosten des Klimawandels höher sind als die Aussagen vorhergehender Studien.[23]

Neben den möglichen Auswirkungen des Klimawandels droht das weltweite Wachstum an neue Grenzen zu stoßen. In der sog. Meadows-Studie von Donella und Dennis Meadows wurde festgestellt, dass heute mehr Ressourcen genutzt werden, als vorhanden sind. Die Gesamtheit der abgegebenen Umweltgifte hat die Schwelle der Regenerationsfähigkeit der Erde überschritten. Dies gilt obwohl die Effizienz der Umweltnutzung gestiegen ist. Hervorgerufen wird dies unter anderem durch das schnelle Steigen der Weltbevölkerung, dem immensen Verbrauch von natürlichen Ressourcen, die Verschwendung dieser, welche zunehmend zu einer Schädigung der Ökosysteme und Verschmutzung von Luft, Wasser und Boden führen. Damit sind drei grundsätzliche Szenarien für das zukünftige Wirtschaftswachstum denkbar:[24]

---

[22] Vgl. [Zabel 2010], S. 21 ff.
[23] Vgl. [Stern 2006], S. 143 ff.
[24] Vgl. [Müller 2010], S. 3.

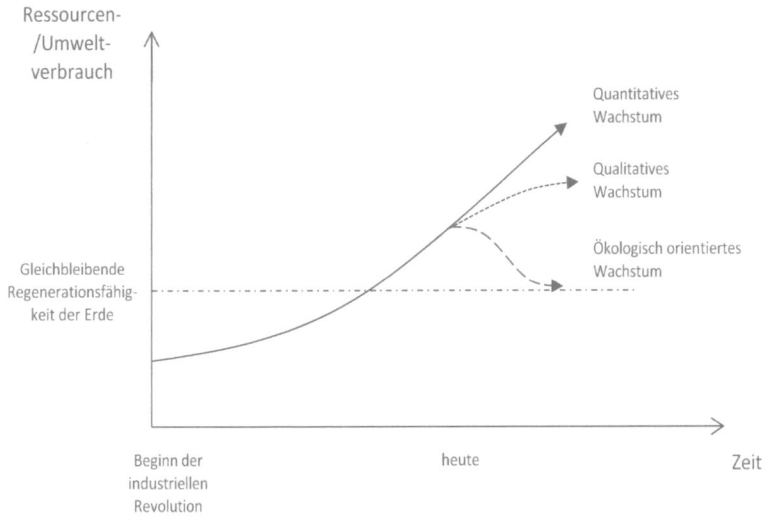

Abbildung 3: Szenarien für die Wirtschaftsentwicklung[25]

Heute wird sich entscheiden, in welche Richtung die Entwicklung gehen wird. Diese Szenarien und die dahinterliegenden Annahmen werden der ausschlaggebende Punkt für die Aktivitäten in Politik und Gesellschaft sein und somit auch Unternehmen und deren Handeln sehr wahrscheinlich langfristig stark beeinflussen.

2.5 Ökologie im Verbund mit Nachhaltigkeit

„Bei allem, was man tut, das Ende zu bedenken, das ist Nachhaltigkeit."
Eric Schweitzer (*1965), ALBA-Chef

Als eine neue Devise ist immer häufiger die Rede von Nachhaltigkeit (engl. Sustainability). Dieser Begriff stammt aus der Forstwirtschaft und bezeichnet die dringende Empfehlung, nur so viele Bäume abzuholzen, wie in einer absehbaren Zeit nachwachsen können. Hintergrund ist die Verhinderung von Raubbau an forstwirtschaftlichen Flächen und die Aufrechterhaltung einer langfristigen Versorgung mit dem Rohstoff Holz. Heutzutage wird der Begriff in vielerlei Richtungen gebraucht. Grundsätzlich ist unter Nachhaltigkeit das Zusammenspiel des Unternehmens mit sozialen, ökologischen und ökonomischen Faktoren zu verstehen, basierend auf der Verantwortung für eine

---

[25] Siehe: [Müller 2010], S. 3.

generationenübergreifende Gerechtigkeit.[26] Basis für diese Definition und die aktuelle Diskussion ist der Bericht der Brundtland-Kommission „Our Common Future" aus dem Jahre 1987[27]. In der heutigen Literatur werden die drei Dimensionen unter dem Begriff „Tripple Bottom Line" zusammengefasst.[28] Folgende Graphik veranschaulicht den Zusammenhang dieser:

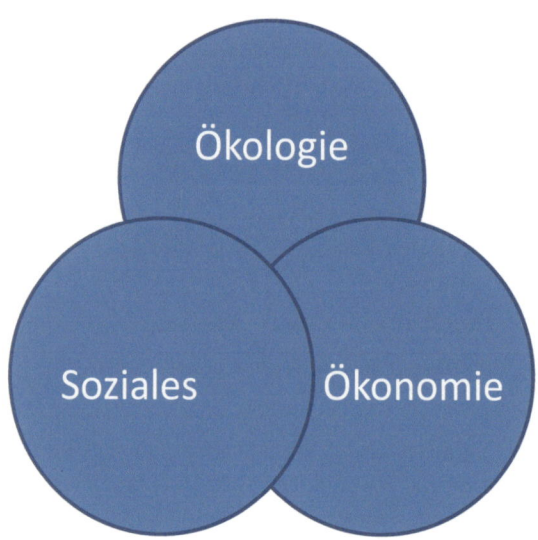

Abbildung 4: Komponenten der Nachhaltigkeit[29]

Nachhaltigkeit ist damit die Befriedigung der heutigen Interessen unter Berücksichtigung der Sicherung der Lebensgrundlage für zukünftige Generationen, damit diese in Freiheit und Wohlstand leben können. Mit dieser Zielsetzung können drei Leitgedanken definiert werden:

- Kreislaufwirtschaft
  Angelehnt an das Vorbild der Natur, in welcher ein Kreislaufsystem vorherrscht, indem eine Entsorgung gleichzeitig eine Versorgung für andere darstellt, sollen unternehmerische Entscheidungen an der Aufrechterhal-

---

[26] Vgl. [Proffen 2009], S. 16 ff.
[27] Vgl. [Fischer/Huber/Sawczyn 2010], S. 222 ff.
[28] Vgl. [Fischer/Huber/Sawczyn 2010], S. 222 ff.
[29] Eigene Darstellung.

tung der natürlichen Kreisläufe und unter Berücksichtigung der natürlichen Wachstumsgrenzen getroffen werden.

- Individuelles Verhalten

    Das bisherige Verhalten war ausgelegt auf die Nutzen-Optimierung des Einzelnen. Jetzt sollen zunehmend ethische Punkte als Entscheidungsgrundlage dienen und egoistische Verhaltensweisen reduziert werden.

- Kommunikation und Kooperation

    Nur wenn Prozesse zur Kommunikation und Kooperation etabliert werden, kann der Nachhaltigkeitsgedanke getragen werden.[30]

Diese drei Prinzipien werden vermutlich großen Einfluss auf die Denkweise in Gesellschaft, Politik und Wirtschaft nehmen.

Mit steigender Umweltbelastung werden die Auswirkungen auf den Mensch und damit verbundene Beeinträchtigungen zunehmen. Solange der einzelne Mensch die Folgen seines individuellen, für sich optimalen Handelns nicht direkt spürt (z. B. durch Krankheiten bedingt durch verschmutzte Luft, schwermetallbelastetes Wasser, etc.), wird sich sein Verhalten nicht ändern. Ist die natürliche Regenerationsfähigkeit der Erde überschritten, führt dies in allen Bereichen – Wirtschaft, Sozialem und Umwelt – zu enormen Einbußen bis hin zur Zerstörung der Lebensgrundlage des Menschen.[31] Somit lässt sich schlussfolgern, dass ethische Normen dabei helfen sollen, dies zu verhindern und das Gemeinwohl zu schützen. Langfristig gesehen kann die Reduktion individueller, egoistischer Verhaltensweisen gleichzeitig als ein ebenso egoistisches Handeln gesehen werden, da der Mensch für sein Überleben auf möglichst optimale Lebensbedingungen angewiesen ist. Letztendlich verkörpern die ethischen Grundsätze damit auch eine Form des individuellen Egoismus.[32]

Schwerpunkt der vorliegenden Arbeit ist die Konzentration der Analyse auf ökologische Faktoren. Überschneidungen mit dem Punkt Nachhaltigkeit lassen sich jedoch nicht immer vermeiden, da Ökologie ein Teilbereich dieses Themenkomplexes ist.

---

[30] Vgl. [Zabel 2010], S. 23.
[31] Vgl. [Zabel 2010], S. 23 f.
[32] Eigene Schlussfolgerung.

3. „Go Green" und der Einfluss auf den Unternehmenserfolg

> „Gute Gründe müssen den besseren weichen."
> William Shakespeare (1564-1616), engl. Dramatiker

„Go Green" und Umweltschutz wurden zur medialen Schlagzeile. Unternehmen betonen zunehmend ihren Beitrag zum Erhalt der Umwelt oder bezeichnen sich als „grünes Unternehmen". Hier stellt sich die Frage, in welchem Maß Unternehmen tatsächlich „grüner" werden und woher dieser Sinneswandel kommt.

In der Vergangenheit hat sich das soziale Engagement eines Unternehmens eher auf Sponsoring und einzelne Inselaktivitäten fokussiert, wohingegen es jetzt nach und nach zu einer Integration von Umweltaspekten in ein Unternehmen kommt, resultierend in einem immer komplexer werdenden Umweltmanagementsystem[33]:

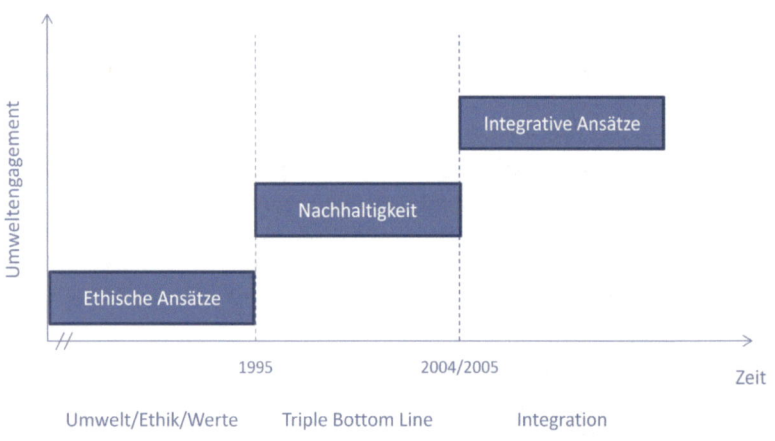

Abbildung 5: Entwicklung und Zunahme von Umweltmanagementsystemen[34]

---

[33] Umweltmanagementsystem = Wie unter Kapitel 0 beschrieben, handelt es sich bei einem Umweltmanagementsystem um einen Ansatz zur Verwirklichung der relevanten Umweltaspekte im Unternehmen. Die Relevanz der Aspekte wird dabei vom Unternehmen selbst definiert. Die Umsetzung im Betrieb wird überwacht und soweit notwendig, Korrekturmaßnahmen eingeleitet.

[34] Eigene Darstellung in Anlehnung an: [Gtz AgenZ 2006], S. 12.

Zunächst ist zu analysieren, ob sich ein Wertewandel in Politik, Wirtschaft und Gesellschaft vollzogen hat. Mit Hilfe der Stakeholer-Analyse werden die verschiedenen Teilbereiche betrachtet. Anschließend soll überprüft werden, ob es sich um einen Trend handelt und welchen Einfluss die verschiedenen Faktoren auf den Unternehmenserfolg haben.

3.1 Stakeholder-Analyse

> „Stakeholder sind Gruppen oder Einzelpersonen, die von unternehmerischen Aktivitäten profitieren oder geschädigt werden und deren Rechte davon verletzt oder geachtet werden."
> *R. Edward Freeman (*1951), amerik. Philosoph & Professor*

Ein Unternehmen steht ständig in der Interaktion mit seinen Stakeholdern. Stakeholder sind die verschiedenen Interessensgruppen, die sich aus unterschiedlichen Gründen für die Aktivitäten eines Unternehmens interessieren und auf dessen Handeln Einfluss nehmen wollen. Je nach ihrer Machtstellung können sie mehr oder weniger stark Einfluss auf ein Unternehmen ausüben bzw. ihre Interessen werden je nach Einflussgrad unterschiedlich stark berücksichtigt. In der Regel handelt es sich dabei um die folgenden Interessensgruppen:

Abbildung 6: Stakeholder eines Unternehmens[35]

---

[35] Eigene Darstellung.

Neben der oben genannten Auswahl kann es abhängig von der Unternehmung, der Branche oder dem Standort noch weitere Stakeholder geben. Die genannten Stakeholder bilden die Basis für die nun folgende Analyse, ob Umweltschutz einen relevanten Faktor für den Unternehmenserfolg darstellen.

3.1.1 Einfluss der Politik

> „Es war schon immer die natürlichste Sache der Welt zu versuchen jegliche Ärgernisse und Beeinträchtigungen im Leben einer Gesellschaft durch ein Verbot von ihr fern zu halten."
>
> *Karl Gustav Cassell (1866-1945), schwed. Ökonom*

Umweltbelastungen per se zu verbieten ist nicht möglich. Ein Verbot ist aber in den verschiedenen Ausprägungen Gegenstand der Politik. Diese nimmt bei der Frage nach mehr Umweltschutz die führende Rolle ein. Politische Entscheidungen haben direkten Einfluss auf die Aktivitäten eines Unternehmens und können unmittelbar zu Kosten bzw. im schlimmsten Fall zur Einstellung der Geschäftsaktivitäten eines Unternehmens führen. Die Frage, in welchem politischen Umfeld ein Unternehmen agiert, lässt sich nicht mehr national beantworten. Vielmehr geben heute nationale, EU-weite und internationale politische Rahmenbedingungen Unternehmen die Richtung vor. Da diese die restriktivsten und nicht zu ändernden Parameter sind, soll der folgende Querschnitt zum besseren Verständnis beitragen.

Im Zuge der Globalisierung war es für international agierende Unternehmen einfach, sich die besten Bedingungen weltweit zu wählen. Dies bezog sich beispielsweise auf Mitarbeiterqualifikation, Lohnniveau, Umweltstandards und nicht zu vergessen auf die Steuergesetzgebung. Das Unternehmen richtete sich auf den globalen Wettbewerb mit der Forderung nach Gewinnmaximierung aus.[36] Jeder Staat und sogar die einzelnen Bundesländer in Deutschland standen unter dem Druck für mehr Fortschritt, Wohlstand und Arbeitsplätze in ihrem Einflussgebiet zu sorgen. Internationale, einheitliche Standards gab es nicht. Ein „Race to the Bottom" – das gegenseitige Unterbieten bei Anforderungen und Standards setzte an manchen Stellen ein.[37] Somit entstand eine Lücke zwischen dem Handlungsspielraum der Unternehmen und dem der einzelnen Länder. Heute nehmen die Aktivitäten auf globaler und nationaler Ebene wie unten beschrieben zu, um in der Rolle des Staates einheitliche Vorgehensweisen zu etablieren und sich gemeinsam in wichtigen Fragen abzustimmen. Dies gilt besonders für den Umweltschutz,

---

[36] Vgl. [Münderlein/Welzel 2006], S. 134 ff.
[37] Vgl. [Eckersley 1995], S. 229 ff.

der nicht nur in Deutschland sondern auch von vielen anderen Ländern weltweit mit auf der politischen Agenda steht. Eine detaillierte Beschreibung des derzeitigen Standes zu Regelungen, Abkommen und Gesetzgebung hinsichtlich Ökologie würde an dieser Stelle zu weit führen. Deshalb wird folgend nur eine Auswahl der wichtigsten Prinzipien aufgezeigt, an welchen sich die Aktivitäten orientieren.

Da der einzelne Konsument die Auswirkung seines Konsums und die damit verbundene, globale Auswirkung häufig nur indirekt spürt, bzw. das Konsumverhalten in der Regel den großen Bereich der Investitionsgüter ausklammert, ist der Staat aufgefordert das Allgemeinwohl zu schützen und durch seine politischen Entscheidungen die Aktivitäten in die gewünschten Bahnen zu lenken.[38] Nicht zu vergessen ist die Tatsache, dass ungehindertes Wachstum mit der damit verbundenen Umweltverschmutzung einen Rückkoppelungseffekt nach sich zieht. Die Meadows-Studie Anfang der 70er Jahre hat bereits früh gezeigt, dass ein überproportionales Wirtschaftswachstum einen restlosen Verbrauch natürlicher Ressourcen, gleichzeitig einhergehend mit einer hohen Umweltverschmutzung dramatische Konsequenzen nach sich ziehen würde: Die Weltbevölkerung wäre bedroht und ein Rückgang der Weltbevölkerung würde nicht nur die industrielle Wirtschaft lahm legen, sondern das Wirtschaftswachstum gänzlich stoppen. Mit dieser Studie wurde der Startschuss für nationale und internationale Diskussionen gegeben, welche in verschiedenen Ausprägungen umgesetzt wurde.[39]

3.1.1.1 Allgemein

Basis für den Umweltschutz ist die Aufgabe an Institutionen ein möglichst optimales Gleichgewicht zwischen den Interessen der Marktteilnehmer herzustellen. Marktversagen[40] soll vermieden werden. Konkret bedeutet dies, dass sich normalerweise der Stärkere auf dem Markt durchsetzt. Damit könnte ein Unternehmen beispielsweise den Luftraum in einer Region beliebig mit Emissionen belasten. Anwohner dieser Region, in diesem Beispiel die schwache Partei, könnten dann diese Luft nicht mehr uneingeschränkt für die Atmung nutzen. Um dieses Ungleichgewicht zu beheben, bedarf es Allo-

---

[38] Vgl. [Endres 2007], S. 101 ff.
[39] Vgl. [Kramer/Urbaniec/Möller 2003], S. 57 ff.
[40] Marktversagen = Grundsätzlich regeln sich auf einem Markt die Preise für angeboten Güter immer gem. dem Angebot und der Nachfrage. Dadurch entstehen Markt- bzw. Gleichgewichtspreise. Funktioniert der Markt jedoch nicht, kommt es zu einem Marktversagen. Dies ist unter anderem immer dann der Fall, wenn ein Marktteilnehmer nicht vom Konsum eines Gutes ausgeschlossen werden kann. Unter anderem trifft dieser Fall auf öffentliche Güter zu. Vgl. [Wildmann 2007], S. 57 ff.

kationsmechanismen, um einen bestmöglichen Interessensausgleich herzustellen.[41] Die Durchsetzung solcher Allokationsmechanismen übernimmt häufig die Politik im Bereich Umweltrecht.

Bei dem Bereich Umweltrecht handelt es sich um eine politische Ausprägung, die zwar vergleichbare Züge zu anderen Politikfeldern aufweist, in ihrer Ausprägung jedoch noch sehr jung ist. Spezifisch ist außerdem, dass sich neben den zahlreichen Querverbindungen zu anderen Bereichen auch eine Independenz in der Rechtssetzung der verschiedenen Ebenen ergeben. Akteure sind gleichzeitig Kommunen, Länder, Bund, EU oder Staatengemeinschaften, welche in unterschiedlicher Ausprägung für die Einhaltung der Normen verantwortlich sind. Regelungsbedarf besteht im Verhältnis Staat – Privat und Privat – Privat, wobei unter Privat ein Unternehmen oder ein Bürger verstanden werden kann. In der Regel wenden sich die Vorschriften der Umweltpolitik an Unternehmen, da diese als Verursacher von Umweltproblemen angesehen werden. Ein Unternehmen erstellt Leistungen/Produkte unter Ressourceneinsatz und Emissionsabgabe an die Umwelt. Neben der reinen Herstellung erfolgt eine Beeinträchtigung der Umwelt über den gesamten Produktlebenszyklus, z. B. bei der Entsorgung der Güter. Da Unternehmen in aller Regel ökonomisch agieren, versuchen sie Kosten zu senken. Um eine exzessive Nutzung der Umwelt durch Unternehmen zu begrenzen, tritt an dieser Stelle die Umweltpolitik auf.[42] Dies bedeutet, die Politik muss mit ihren zur Verfügung stehenden Instrumenten Unternehmen dazu bewegen, Umwelt und deren Verbrauch in eine betriebswirtschaftliche Kalkulation aufzunehmen. Erst wenn Umweltbeeinträchtigung und der Ge- und Verbrauch von Umweltressourcen wie Luft, Wasser oder Boden Kosten verursacht, wird ein Unternehmen in die Schonung dieser investieren.

Die oben angedeutete Fehlallokation zwischen den verschiedenen Interessen der Marktteilnehmer gilt es, mit positiven und negativen Anreizen in die gewünschte Richtung zu bewegen. Somit werden Verursacher von Belastungen mit Steuern belegt, positive Effekte mit negativen Steuern (Subventionen) gefördert. Die externen Auswirkungen des Handels sollen damit internalisiert werden. Da ein Unternehmen in aller Regel das Ziel der Gewinnmaximierung verfolgt, fragt es sich, ab wann eine zusätzliche Steuer die Zielerreichung behindert bzw. ab wann es gewinnbringend ist, umweltorientiert zu arbeiten. Eine wichtige Rolle in dieser Diskussion spielt die Idee von A.C. Pigou: Grundgedanke ist den Verursacher von negativen Effekten mit einer Steuer zu belegen. Der Steuersatz sollte dabei die Höhe haben, die die

---

[41] Vgl. [Endres 2007], S. 1 ff.
[42] Vgl. [Jänicke/Kunig/Stitzel 2003], S. 19 ff.

externen Grenzkosten bei der sozial optimalen Situation darstellen (P1). Graphisch veranschaulicht bedeutet dies:

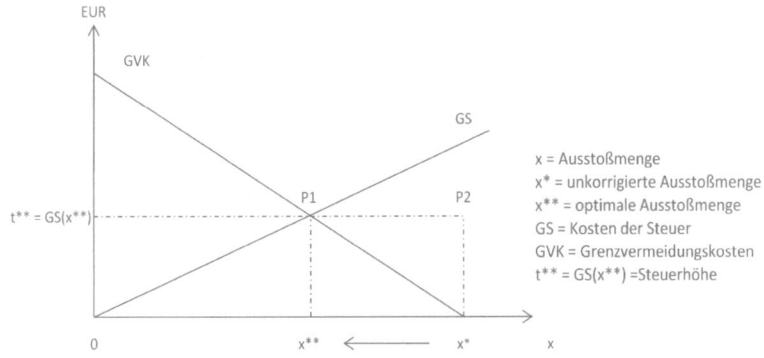

Abbildung 7: Einbeziehung von externen Effekten[43]

Mit jeder zusätzlich ausgestoßenen Menge x an Schadstoffen erhöht sich die Steuerbelastung. Da dies eine zusätzliche Belastung für das Unternehmen darstellt, versucht es die Ausstoßmenge zu reduzieren, um die Steuerabgabe zu senken. Eine Reduzierung erfolgt solange, bis die Kosten zur Reduzierung von x (Grenzvermeidungskosten) den Pigou-Steuersatz übersteigen. Im Idealfall ergibt sich der Schnittpunkt P1 bei der sozial optimalen Ausstoßmenge x**.[44]

Im Folgenden ein kurzer Überblick über die drei wichtigsten umweltpolitischen Instrumente, welche Anwendung im Umweltrecht finden: Auflagen, Abgaben und Zertifikate. Sie nehmen großen Einfluss auf die unternehmerische Aktivität und sind für Organisationen damit von großer Bedeutung.

a) Auflagen:

Auflagen zielen direkt darauf ab, umweltschädliches Verhalten per se zu verbieten bzw. Höchstgrenzen festzulegen. Somit gibt es zahlreiche Genehmigungsverfahren sowohl für Neu- als auch für Altanlagen. Eine Formulierung der Grenzwerte kann absolut oder bezogen auf eine Basiseinheit erfolgen. Maßstab für die Festlegung ist der aktuelle Stand der Technik. Bedeutendstes Gesetz in Deutschland ist das Bundesimmissionsschutzgesetz

---

[43] Siehe [Endres 2007], S. 95.
[44] Vgl. [Endres 2007], S. 94 ff.

(BImSchG). Alle unternehmerischen Aktivitäten müssen nach Artikel 1 des BImSchG ausgerichtet werden[45], welches vom Grundgedanken in anderen Gesetzen ebenfalls Niederschlag finden:

„(1) Zweck dieses Gesetzes ist es, Menschen, Tiere und Pflanzen, den Boden, das Wasser, die Atmosphäre sowie Kultur- und sonstige Sachgüter vor schädlichen Umwelteinwirkungen zu schützen und dem Entstehen schädlicher Umwelteinwirkungen vorzubeugen.

(2) Soweit es sich um genehmigungsbedürftige Anlagen handelt, dient dieses Gesetz auch

- der integrierten Vermeidung und Verminderung schädlicher Umwelteinwirkungen durch Emissionen in Luft, Wasser und Boden unter Einbeziehung der Abfallwirtschaft, um ein hohes Schutzniveau für die Umwelt insgesamt zu erreichen, sowie

- dem Schutz und der Vorsorge gegen Gefahren, erhebliche Nachteile und erhebliche Belästigungen, die auf andere Weise herbeigeführt werden."[46]

b) Abgaben

Abgaben erlauben einem Unternehmen umweltbelastende Aktivitäten durchzuführen. Jedoch wird pro emittierte Menge ein Preis festgelegt, welche die Unternehmung hierfür leisten muss. Damit stellen sie Opportunitätskosten für das Unternehmen dar: Ein Unternehmen wird diejenige Option wählen, welche günstiger ist, nämlich Kosten für die Emission im Vergleich zu den Kosten für die Vermeidung dieser.

Abgaben finden sich in der Praxis häufig in Kombination mit anderen umweltpolitischen Instrumenten. Als ein deutsches Beispiel kann das Abwasserabgabengesetz genannt werden, welches in Abhängigkeit von der Menge des Abwassers und der darin enthaltenen Schadstoffmengen die Höhe der Abgaben definiert.[47]

c) Zertifikate

Ein Zertifikat ist ein handelsbares Recht auf die Inanspruchnahme der Umwelt. Das Grundkonzept beruht darauf, dass die ausgebende Stelle für einen definierten Raum Emissions- bzw. Immissionshöchstwerte für einen Stoff x festlegt. Diese Höchstwerte stellen die maximal mögliche zu nutzende Umweltkapazität dar. Dieses Maximum wird in viele Teilrechte aufgeteilt und verbrieft, um an einem Markt gehandelt werden zu können. Um eine be-

---

[45] [Endres 2007], S. 107 f.
[46] Siehe: [BImSchG 2010], Artikel 1.
[47] Vgl. [Endres 2007], S. 108 f.

stimmte Menge des Stoffes x zu emittieren, braucht der Verursacher die entsprechende Anzahl an Zertifikaten. Diese können entweder versteigert oder frei vergeben werden. Beide Mechanismen unterscheidet, dass bei einer Versteigerung der Emittent gezwungen ist, die Zertifikate von Anfang an kostenpflichtig zu erwerben, während bei einer freien Vergabe der Emittent einen bestimmten Anteil von Zertifikaten frei zugeteilt bekommt. Ziel des Instrumentes ist nicht die Reduzierung der Emission/Immission an sich, sondern die Vermeidung des Anstiegs der Emission/Immission.[48] Bekanntestes Beispiel hierfür ist der CO_2-Zertifikat-Handel.

Diese drei umweltpolitischen Instrumente werden sowohl auf internationaler, nationaler und EU-Ebene zur Reduzierung der Umweltbelastung eingesetzt.

Die Quellen der Umweltpolitik sind vielschichtig. Als eine Quelle kommt das innerstaatliche Recht zur Anwendung, in der dominierenden Rolle das Bundesrecht, beeinflusst durch Europarecht und das geltende Völkerrecht.

3.1.1.2 Völkerrecht

Da sich die Beeinträchtigung der Umwelt durch Verschmutzung von Wasser oder Luft und durch den globalen Transfer von Umweltgiften nicht an Staatsgrenzen hält, können Umweltschutzmaßnahmen dort auch nicht enden. So formen sich Initiativen ausgerichtet am Grundgedanken des Völkerrechts. Dies bedeutet, dass jedes Land souverän entscheidet, wie es in Umweltfragen agiert, ohne durch sein Verhalten anderen Ländern zu schaden. Die Aktivitäten folgen vor allem dem Grundsatz der nachhaltigen Entwicklung. Soziale Belange sollen ausreichend Berücksichtigung finden, während gleichzeitig ein Ausgleich zwischen den Interessen der Wirtschaft und den Grundgedanken des Umweltschutzes stattfinden soll, um die Umweltgerechtigkeit für zukünftige Generationen sicherzustellen.[49] Aus dem Zusammenschluss der Staaten entstand das Völkerrecht. Dieses lässt sich in drei Bereiche trennen, das Völkergewohnheitsrecht, allgemeine Rechtsgrundsätze und völkerrechtliche Verträge:[50]

---

[48] Vgl. [Endres 2007], S. 110 ff.
[49] Vgl. [Kloepfer 2008], S. 165 ff.
[50] In Anlehnung an: [Peters 2010], S. 7 ff.

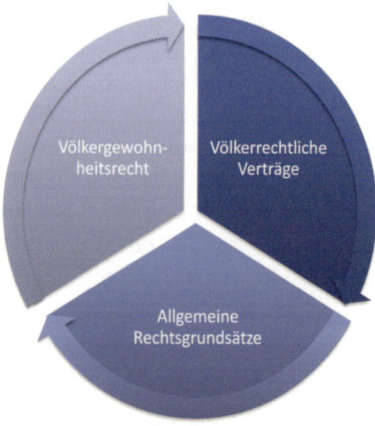

Abbildung 8: Veränderung in der Umweltpolitik[51]

Während früher ausschließlich Staaten einbezogen wurden, nehmen heute internationale Organisationen zunehmend Einfluss auf Entscheidungen und wirken als Unparteiische mit. Das Besondere am Völkerrecht ist, dass die Staaten selbst am sogenannten Vertragsvölkerrecht mitarbeiten und sich dazu bekennen. Es gibt keine übergeordnete Stelle, die die Einhaltung überwacht oder eine Umsetzung von getroffenen Standards oktroyiert. Die drei aktuellen Schwerpunkte in der Umweltpolitik auf zwischenstaatlicher Ebene sind die Reinhaltung der Meere, der Klimaschutz sowie die Erhaltung der natürlichen Vielfalt. [52]

Völkerrecht kommt durch seine Umsetzung in nationalen Gesetzen oder durch seine allgemeinen Rechtsgrundsätze in den einzelnen Ländern zur Anwendung.[53] So werden in den verschiedensten Bereichen Verträge und Prinzipien verabschiedet, die sich wiederum auf die Aktivitäten von Unternehmen direkt oder indirekt auswirken. Beispiele dafür sind die Abkommen zum Schutz der Atmosphäre und des Klimas, des Bodens und des Waldes oder der Schutz von internationalen Wasserläufen. Ein wichtiger Wegweiser

---

[51] In Anlehnung an: [Peters 2010], S. 7 ff.
[52] Vgl. [Jänicke/Kunig/Stitzel 2003], S. 264 ff.
[53] Vgl. [Peters 2010], S. 7 ff.

und Startpunkt für eine intensive Zusammenarbeit im Umweltschutz war der UN-Umweltgipfel von Rio de Janeiro im Jahre 1992. Die sogenannte Rio-Deklaration mit Leitlinien für eine Politik, ausgerichtet an einer nachhaltigen und umweltgerechten Entwicklung sowie die beiden Verträge „Klimarahmenkonvention" und „Übereinkommen über die biologische Vielfalt" sind die wegweisenden Ergebnisse. In deren Folge wurde das Kyoto-Protokoll im Jahre 1997 erarbeitet, mit großem Einfluss auf den Ausstoß verschiedener Treibhausgabe und den daran angeschlossenen Emissionszertifikathandel.[54] Neben Verträgen und Abkommen zu diesen Themen existiert eine Vielzahl weiterer bi- oder multilateraler Verträge zwischen Staaten zum Umweltschutz. Obwohl die Staaten für die Einhaltung selbst verantwortlich sind, treten hier die nicht-staatlichen Institutionen in einer Überwachungsfunktion auf, welche die Einhaltung der Verträge mit Hilfe der internationalen Medien überwachen.[55]

3.1.1.3 EU-Ebene

Umweltschutz als Unionsziel, das hat die Europäische Union in verschiedenen Verordnungen festgelegt. Konkrete Aussagen wurden zum Begriff der Nachhaltigkeit, zur Verbesserung der Umweltqualität sowie durch das Festlegen eines hohen Grad in Sachen Umweltschutz gemacht.[56] Grundsätzlich verfolgt die EU-Kommission das Ziel, Europa nachhaltig wettbewerbsfähig zu gestalten. In diesem Zusammenhang wurden verschiedene Aktionspläne verabschiedet und Initiativen aufgesetzt. Um eine Verzerrung des Wettbewerbs durch unterschiedliche nationale Umweltschutzrechte vorzubeugen, ist es im Interesse der EU einen einheitlichen Standard zu definieren. Diese Maßgaben wiederum haben einen starken Einfluss auf die Umweltschutzbestimmungen der einzelnen Länder und wirken sich beispielsweise in Deutschland verschärfend aus. Wesentliche Ziele innerhalb der EU bilden dabei der Erhalt, Schutz und Besserung der Umwelt, eine rationale und nachhaltige Bewirtschaftung der Ressourcen sowie gleichzeitig die Sicherung der menschlichen Gesundheit. Klimaschutz genießt dabei eine große Aufmerksamkeit.[57] In diesem Zusammenhang liegt das Augenmerk dabei vor allem auf der Reduzierung von Treibhausgasen sowie auf dem effizienteren Umgang mit Ressourcen. Ein Beispiel dafür ist das Einsparziel der EU-Kommission von ca. 341 TWh Energie (ca. 12% des Stromverbrauchs inner-

---

[54] Vgl. [Kloepfer 2008], S. 165 ff.
[55] Vgl. [Jänicke/Kunig/Stitzel 2003], S. 264 ff.
[56] Vgl. [Peters 2010], S. 8 ff.
[57] Vgl. [Kloepfer 2008], S. 184 ff.

halb der EU, Stand 2007), um damit weiterhin zu den Spitzenreitern der Umweltpolitik zu gehören.[58]

Zu unterscheiden ist das EU-Umweltrecht in das Primär- und das Sekundärrecht. Das Primärrecht stellt das höchste Recht innerhalb der EU dar. Durch seine Stellung gilt es vor allen anderen Quellen des Gemeinschaftsrechts. Im Zweifelsfall setzt der Gerichtshof den Vorrang vor anderen Gesetzen durch. Inhalt des Primärrechtes sind überwiegend die Gründung der EU, Definition der Politikbereiche sowie Vorschriften zur Arbeitsweise und Aufgabenteilung innerhalb der EU. In diesen Regelungen finden sich viele umweltrechtlich relevante Inhalte. Vergleichbar zum deutschen Umweltrecht finden sich Grundsätze, an welchen sich die Umweltpolitik ausrichtet.[59] Es handelt sich dabei um den Vorsorge-, Schutzniveau-, Verursacher- und Ursprungsgrundsatz:

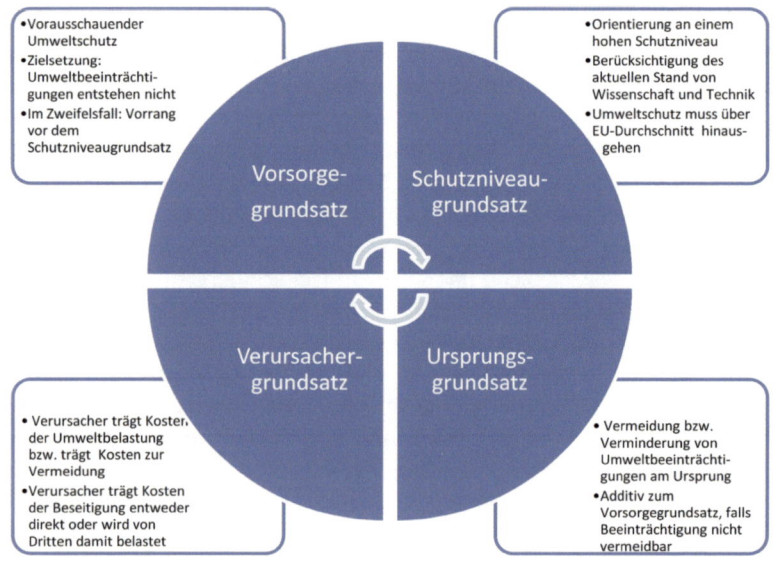

Abbildung 9: EU-Grundsätze[60]

---

[58] Vgl. [Europäische Kommission 2010].
[59] Vgl. [EUROPA 2010].
[59] Vgl. [EUROPA 2010]; [Peters 2010], S. 7 ff.
[60] In Anlehnung an: [Peters 2010], S. 8 ff.

Sekundärrecht bezeichnet die Gesamtheit aller Regelungen, welche auf Basis des Primärrechtes erstellt wurden. Überwiegend besteht es aus Verordnungen und Richtlinien und zu einem geringfügigen Teil aus Urteilen des Europäischen Gerichtshofes oder aus gesetzesartigen Entscheidungen.[61]

Innerhalb dieser Verordnung lassen sich für Unternehmen wichtige Regelungen finden, wie beispielsweise:

- Verordnung zur Revision des gemeinschaftlichen Systems zur Vergabe eines Umweltzeichens
- Verordnung über freiwillige Teilnahme von Organisationen an einem System von Umweltmanagement und Umweltbetriebsprüfung
- Umwelthaftungsrichtlinie zur Vermeidung und Sanierung von Umweltschäden
- Festlegung von Anforderungen an die umweltgerechte Gestaltung energieverbrauchsrelevanter Produkte

Somit nimmt die EU entweder direkt über Verordnungen Einfluss auf die Umweltaktivitäten und umweltschutzspezifische Anforderungen innerhalb der Staatengemeinschaft oder indirekt über die zwingende Umsetzung der Richtlinien in nationales Recht.[62]

3.1.1.4 EMAS-Verordnung

Mit der EMAS-Verordnung (Eco Management and Audit Scheme) hat die EU eine Verordnung mit weitreichenden Konsequenzen für Unternehmen und Organisationen der öffentlichen Hand verabschiedet. Kernstück ist das Umweltaudit, wodurch Umweltmanagementsysteme und Umweltbetriebsprüfungen zum festen Bestandteil der Unternehmensberichterstattung werden. Zielrichtung ist es Unternehmen dazu anzuregen, einen kontinuierlichen Verbesserungsprozess zu initiieren. Dieser soll von der reinen Thematisierung des Umweltschutzes weggehen hin zur Integration des Umweltschutzgedanken in das Unternehmen, um somit eine Erhöhung des Maßes an Umweltschutz in den Organisationen zu bezwecken. Diese Verordnung richtet sich grundsätzlich an Unternehmen und Organisationen aus allen Bereichen, z. B. Kommunen, Krankenhäuser oder Straßenbaubetriebe.[63]

Eingeführt im Jahre 1993 bildet EMAS einen Meilenstein der europäischen Umweltaktivitäten. Im Januar 2010 wurde die dritte überarbeitete Version

---

[61] Vgl. [Peters 2010], S. 12 f.; [EUFIS EU-Glossar 2010].
[62] Vgl. [EUROPA UMWELT 2010]; [Kloepfer 2008], S. 12 f.
[63] Vgl. [Peters 2010], S. 78 ff.

dieser Verordnung in Kraft gesetzt. EMAS basiert auf der Freiwilligkeit von Organisationen sich an einem allgemeinen Umweltmanagementsystem und einer Umweltbetriebsprüfung zu beteiligen.[64] Voraussetzung dazu ist, dass Organisationen ihre eigene Verantwortung zur Reduzierung und Wiederherstellung der durch sie verursachten Umweltbeeinträchtigungen und Folgen wahrnehmen. Während sich EMAS zunächst hauptsächlich an das produzierende Gewerbe richtete, wurde 1998 die Anwendbarkeit auf alle Branchen und Unternehmensgrößen in EMAS II aufgenommen. Die Anwendbarkeit für KMUs sollte verbessert werden.[65] Mit EMAS III wurde dies weiter verstärkt.

Beteiligte Unternehmen können ihre Anstrengungen im Umweltschutz durch die Verwendung des EMAS-Logo dokumentieren, beispielsweise durch Abdruck auf Briefköpfen, Umwelterklärungen, Werbung, im Internet oder an Gebäuden.

Entscheidet sich ein Unternehmen zur Teilnahme, erfolgt zunächst die Umweltprüfung, eine Bestandsaufnahme im Unternehmen. Anschließend wird ein Umweltmanagementsystem etabliert mit Definition der Verantwortlichkeiten, Ziele und Abläufe. Ergebnis ist die Erstellung der Umwelterklärung, welche durch einen staatlich geprüften Umweltgutachter geprüft wird. Er testiert auch die Umweltleistung der Organisation und prüft dabei beispielsweise, ob alle geltenden Umweltrechtsvorschriften angewendet wurden oder ob die Zielerreichung der individuell definierten Ziele gegeben ist. Erfüllt die Organisation die Anforderungen, kann der Eintrag in das öffentliche Register erfolgen. Jedem Unternehmen wird eine europaweite Registrierungsnummer zugewiesen. Gleichzeitig mit der Registrierung erfolgt die Überprüfung durch Umweltbehörden, ob das Unternehmen gegen Umweltgesetze verstoßen bzw. in der Vergangenheit verstoßen haben. Die Neuerungen bei EMAS III geben nicht mehr nur Organisationen innerhalb der EU die Möglichkeit zur Teilnahme, sondern weiten diese auf eine weltweite Teilnahmemöglichkeit aus. Das die Teilnahme nicht nur Nachteile und Mehraufwand mit sich bringt, sondern vielmehr auch Chancen und Potentiale in sich birgt, kann beispielsweise am Unternehmen HiPP beobachtet werden: Gemäß der testierten und für gültig erklärten Umwelterklärung konnte HiPP 2008 seinen Verbrauch an Betriebsstoffen um knapp 39% im Vergleich zu 2008 senken. Weitere Beispiele sind der geminderte Verbrauch an Reinigungsmitteln, die Reduzierung des Folienverbrauchs um 25% oder die hohe Wiederverwertungsrate in Höhe von 97%.[66]

---

[64] Vgl. [Stelzer 2010], S. 30 ff.
[65] Vgl. [Kramer/Brauweiler/Hellig 2003], S. 135 ff.
[66] Vgl. [Stelzer], S. 30 ff.

3.1.1.5 Deutschland

Das Umweltrecht in Deutschland unterliegt einem langen Prozess, der in seiner Entwicklung verschiedene Prinzipien ausgebildet hat. Wie in anderen Industriestaaten auch, wuchs in Deutschland in den 70er Jahren des letzten Jahrhunderts die Notwendigkeit der Politik, die steigende Umweltbelastung, verursacht durch das rapide Wirtschaftswachstum der Nachkriegszeit, einzudämmen. Ziel war und ist es, die natürliche Lebensgrundlage dauerhaft zu sichern und ein hohes Niveau an Schutz zu schaffen. Das Besondere im Bereich Umweltrecht ist, dass zuerst Leitvorstellungen existieren, die über die Gesetzgebung Rechtsverbindlichkeit erhalten.[67] Wie in anderen Ländern auch, wird die Bedeutung von Nachhaltigkeit in der Verankerung der Nachhaltigkeit als Staatsziel im Grundgesetz der BRD im Jahre 1994 deutlich.[68] Dies beinhaltet gleichzeitig den Umweltschutz als Teilbereich der Nachhaltigkeit.

In der deutschen Umweltpolitik finden sich drei Hauptprinzipien: Vorsorge-, Verursacher- und Kooperationsprinzip. Das Integrationsprinzip nimmt zusätzlich eine wachsende Rolle ein.

---

[67] Vgl. [Jänicke/Kunig/Stitzel 2003], S. 120 ff.
[68] Vgl. [Kramer/Urbaniec/Möller 2003], S. 73 ff.

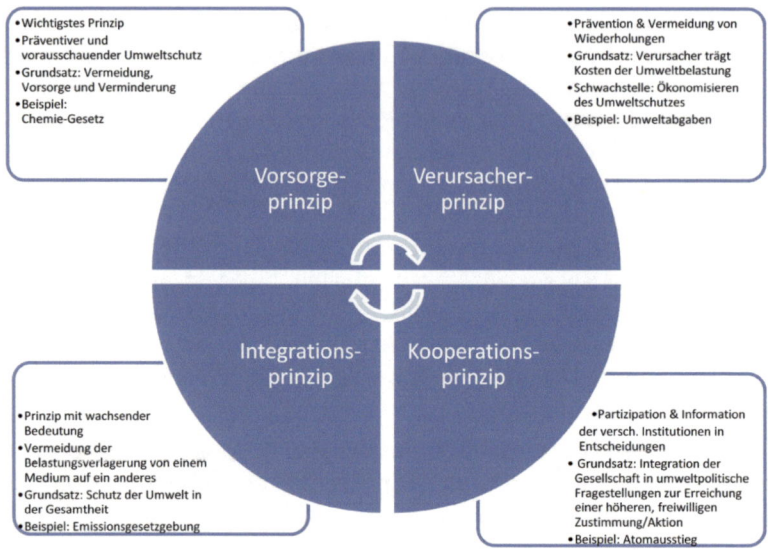

Abbildung 10: Prinzipien des Umweltrechts in Deutschland[69]

Die Ansätze der Umweltpolitik haben sich zunehmend gewandelt. Während lange der reaktive Ansatz, also die Abwehr von akuten Beeinträchtigungen im Vordergrund stand, z. B. beim Immissionsschutz, Gewässerschutz oder der Reaktorsicherheit, entwickelt sich zunehmend der präventive und strategische Umweltschutz. Er setzt in verschiedenen Politikfeldern an und ist stark auf die Verursacher bezogen. Auswirkungen lassen sich in der Energie- und Agrarpolitik oder in der Stadtplanung erkennen. Damit wird die Wirkungstiefe umweltpolitischer Maßnahmen von der Nachsorge bei Umweltbeeinträchtigungen erweitert hin zur Vorsorge. Die Langfristigkeit der Maßnahmen und damit die Eindämmung von Umweltproblemen von Beginn an sollen zunehmen hin zu einem kompletten Strukturwandel der Produktionsweisen:[70]

---

[69] In Anlehnung an: [Kloepfer 2008], S. 61 ff.
[70] Vgl. [Jänicke/Kunig/Stitzel 2003], S. 120 ff.

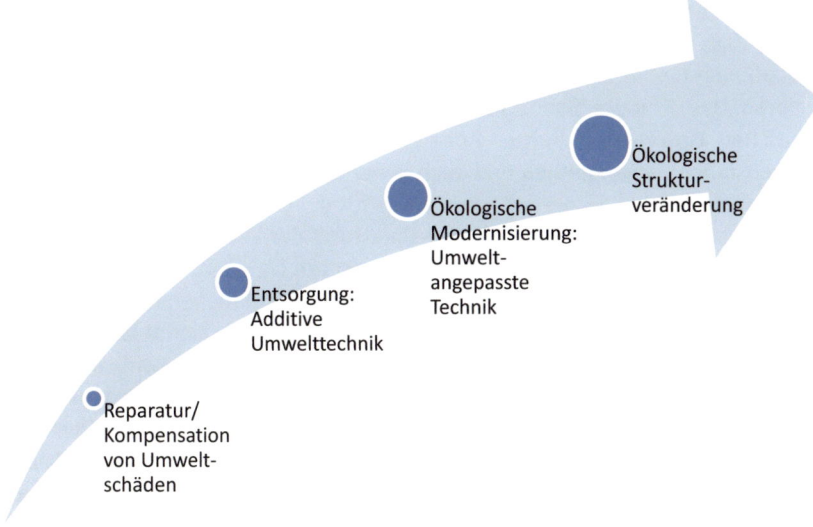

Abbildung 11: *Veränderung in der Umweltpolitik*[71]

Diese Entwicklung zeigt, dass ein reaktiver Umweltschutz nicht mehr Ziel der Politik ist, sondern der Fokus verstärkt auf die aktive Eindämmung von Umweltauswirkungen gelegt wird. Unternehmen werden viel stärker in die Pflicht genommen, ihre Umweltauswirkungen zu reduzieren und proaktiv Maßnahmen zu ergreifen.

3.1.1.6 Fazit

Das eingangs erwähnte „Race to the Bottom" legt eine Abwanderung von Unternehmen in Länder/Regionen nahe, wenn dort geringere Standards vorherrschen.[72] Studien können die These einer Abwärtsspirale durch das sich gegenseitige Unterbieten in Umweltstandards nicht belegen. Vermutlich liegt dies unter anderem an dem bisher vergleichsweise geringen Anteil der Kosten für Umweltschutz an den Gesamtkosten eines Unternehmens.[73] Außerdem muss erwähnt werden, dass mittlerweile bereits viele Entwicklungsländer strenge Umweltstandards von Vorreiter-Ländern übernehmen.

---

[71] In Anlehnung an: [Jänicke/Kunig/Stitzel 2003], S. 121.
[72] Vgl. [Leisinger], S. 327.
[73] Vgl. [Rennings/Ankele/Hoffmann/Nill/Ziegler 2005], S. 41.

Innerhalb der EU gibt es Vorbilder, was den Umweltschutz und damit die dort geltende Umweltpolitik betrifft. Nicht zu vergessen ist auch die Tatsache, dass der Umweltschutz einer enormen Globalisierung unterliegt. Pionierländer und internationale Organisationen treiben die rasche Ausbreitung voran. Best Practice-Sharing bei Städten, Kommunen und Ländern führt zur raschen Anwendung immer höherer Umweltstandards. Umweltkatastrophen in der Vergangenheit und auch in der Zukunft lassen den Druck auf die Politik nach mehr Sicherheit und Schutz für die Umwelt wachsen. Es ist davon auszugehen, dass die spürbare Belastung der Umwelt die Bereitschaft und den Wunsch der Bürger nach stringenteren Umweltgesetzen zukünftig noch weiter ansteigen lässt. Anhand der oben beschriebenen Entwicklung der Umweltpolitik und der verhältnismäßig kurzen Geschichte lässt sich ableiten, dass diesem Thema auch künftig eine große Aufmerksamkeit seitens Politik und Öffentlichkeit zukommt und für die Aktivitäten eines Unternehmens ein zunehmend ausschlaggebender Faktor wird.[74] Eine Reaktion auf sich verschärfende Umweltpolitik kann ein Unternehmen bremsen. Die nachträgliche Implementierung von Umweltschutzmaßnahmen, gegebenenfalls unter Zeitdruck und Realisierungszwang, kann zu höheren Anstrengungen und Aufwendungen für ein Unternehmen führen im Vergleich zu einem proaktiven Unternehmen, welche bereits derartige Aspekte antizipiert und umsetzt. Wenn bisher vor allem der Bereich CO_2-Emission durch einen Handel belegt ist, werden voraussichtlich noch weitere Bereiche folgen. Ein Beispiel unter vielen ist die Besteuerung von Flugbenzin bzw. der Emissionshandel für Flugzeuge.[75] Deshalb macht es für ein Unternehmen durchaus heute schon Sinn, sich mit Umweltproblematiken und den Auswirkungen des eigenen unternehmerischen Handels auf die Umwelt auseinander zu setzen.

3.1.2 Private Institutionen

> „Jede große Institution ist der verlängerte Schatten eines einzelnen Menschen."
> *Thomas Alva Edison (1847-1931), amerik. Erfinder*

Neben der Politik forcieren internationale Organisationen das Thema Umweltpolitik und treiben es damit auf globaler Ebene voran. Eine wachsende Rolle spielen hier Umweltinstitutionen wie beispielsweise die „United Nations Environment Program" (UNEP). UNEP ist eine von den Vereinten Nationen im Jahr 1972 gegründete Organisation mit dem Ziel, umweltpolitische Themen auf globaler Ebene zu kommunizieren, Umweltmaßnahmen

---

[74] Vgl. [Jänicke/Kunig/Stitzel 2003], S. 120 ff.
[75] Vgl. [Klimaretter.Info 2010].

und deren Entwicklung zu koordinieren, Umweltentwicklungen zu beobachten und auftretende Sachverhalte an die internationale Staatengemeinschaft zu adressieren mit der Aufforderung entsprechende Maßnahmen zu ergreifen. Auch nimmt die UNEP die Rolle des Beraters bei verschiedenen Gipfeltreffen ein.[76]

Daneben gewinnen Non Governmental Organizations (NGO), mit Schwerpunkt auf Umweltthemen wie Greenpeace an Bedeutung. Netzwerke in der Umweltforschung und der Umweltberichterstattung breiten sich aus (z. B. Weltklimaforschungsprogramm), bestehende Organisationen nehmen Umwelt mit auf, zu betrachten an der Ökologisierung der Weltbank oder der „Organisation for Economic Cooperation and Development" (OECD). Vor allem die beiden letztgenannten tragen durch ihre Empfehlungen oder eine restriktivere Kreditvergabe mit gestiegenen Anforderungen an den Umweltschutz in den Nationalstaaten wesentlich dazu bei, dass das Bewusstsein innerhalb der Länder gestiegen ist. Über die internationalen Medien werden die Aktivitäten breit kommuniziert. Internationale Organisationen mit ihrer breiten Vernetzung unterstützen die Globalisierung der Umweltthemen. Auch greifen sie die Aktivitäten von Pionierstaaten auf und kommunizieren diese. Damit wächst der Nachahmungsdruck auf die anderen Länder.[77] Gemein sind allen Organisationen der zunehmende weltweite Informationsaustausch und die Kooperationsbereitschaft, die globalen Umweltprobleme anzugehen. Der „World Wide Fund For Nature" (WWF) als sehr bekannte private Naturschutzorganisation mit knapp fünf Millionen Mitgliedern weltweit, startet gezielte Kampagnen und Initiativen, um die öffentliche Meinung und somit Politik und Gesetzgebung in Richtung Umweltschutz zu sensibilisieren und zu beeinflussen. Vor allem durch seine häufig aufsehenerregenden Aktionen schafft Greenpeace, eine weitere unabhängige Umweltschutzorganisation, das Interesse der Bevölkerung zu erwecken und für verschiedene Aktionen und Umweltschutzthemen zu mobilisieren. Auf deutscher Ebene ist der Bund für Umwelt und Naturschutz Deutschland (BUND) zu erwähnen. Dieser arbeitet aktiv an neuen Philosophien zur Unternehmensführung, um zukünftig umweltfreundliche und ressourcenschonende Wirtschaftsweisen zu etablieren.[78]

Neben diesen Organisationen kommt der Impuls für „grünes Unternehmertum" auch zusehend aus der Wirtschaft selbst. Ein Beispiel hierfür ist der Bundesdeutsche Arbeitskreis für umweltbewusstes Management e. V. (B.A.U.M.). Dieser hat es sich zum Ziel gemacht nicht nur in der Bevölke-

---

[76] Vgl. [United Nations Environment Programme]
[77] Vgl. [Jänicke/Kunig/Stitzel 2003], S. 140 ff.
[78] Vgl. [Kramer/Urbaniec/Möller 2003], S. 141 ff.

rung, sondern vielmehr in den Unternehmen, Institutionen und der Politik selbst Menschen für die Risiken und Chancen von Umweltschutz und nachhaltiges Wirtschaften zu sensibilisieren. Über Veranstaltungen, Konferenzen, Best-Practice-Sharing und Umweltpreise kommuniziert der Verein die Ergebnisse einer breiten Öffentlichkeit.[79] Einen weiteren Impuls aus der Wirtschaft setzt seit 1992 Unternehmensgrün, der Bundesverband der grünen Wirtschaft. Dieser tritt unabhängig von einer Branche oder einer politischen Grundrichtung für eine Erneuerung und ein Überdenken der aktuellen Wirtschaft hin zu mehr Umweltschutz ein.[80] Bilanzielle Themen werden daneben wichtiger: Beispielsweise arbeitet die Global Reporting Initiative (GRI) seit 1997 an der Entwicklung von Reporting Guidelines. Die GRI ist ein weltweiter Zusammenschluss von Experten, die in einem Konsensprozess Richtlinien in der Nachhaltigkeitsberichterstattung ausarbeiten mit dem Ziel eine einheitliche Berichterstattung, vergleichbar mit der Finanzberichterstattung, sicherzustellen, sowie Anwender bei der Etablierung eines derartigen Prozesses zu unterstützen.[81] Darüber hinaus gibt es eine Vielzahl von nationalen und internationalen Umweltverbänden, -stiftungen und -vereinigungen, welche durch Umweltbildung, Initiativen und Kampagnen das Umweltbewusstsein in der Gesellschaft langfristig prägen, die Politik auf verschiedenen Ebenen informieren und beraten und so Umweltthemen immer wieder ins Rampenlicht bringen. Dadurch werden neben internationalen Aktionen besonders lokale Aktivitäten gefördert, mit Signalwirkung nach außen.[82]

Die Beispiele zeigen, dass sich Aktivitäten privater Institutionen vergrößern. Die Vernetzung der Initiativen und Vereinigungen nimmt zu. Unternehmen können es sich heute nicht mehr leisten, derartige Gruppen gegen sich aufzubringen. Vielmehr ist es wichtig, in diesen Gremien mitzuarbeiten bzw. diese aktiv zu unterstützen. Nur dann kann es zu einem Dialog und zum Gedankenaustausch kommen. Verstärkt wird die Bedeutung dieser Institutionen durch die Medien, die Aktionen, Kampagnen und Initiativen großflächig verbreiten. Unternehmen, welche sich grundsätzlich mit Umweltschutz und den Auswirkungen des eigenen Handelns beschäftigen, können damit unter Umständen mögliche negative Presse vermeiden und im Gegensatz dazu sogar als gutes Beispiel herausgestellt werden, wie z. B. durch Auszeichnungen mit Preisen. Positive Schlagzeilen können sich fördernd auf den Bekanntheitsgrad, den Umsatz und die Attraktivität als Arbeitgeber auswirken. So kann ein Unternehmen neben der möglichen internen Optimierung und

---

[79] Vgl. [BAUM 2010].
[80] Vgl. [UnternehmensGrün e.V.].
[81] Vgl. [GLOBAL REPORTING INITATIVE].
[82] Vgl. [Kramer/Urbaniec/Möller 2003], S. 141 ff

Einsparung durch Umweltmaßnahmen auch nützliche externe Effekte generieren, oder durch negative Presse im schlechtesten Fall genau das Gegenteil bewirken.

3.1.3 Einfluss der Beschaffungskette

> „Was alle Erfolgreichen miteinander verbindet, ist die Fähigkeit, den Graben zwischen Entschluss und Ausführung äußerst schmal zu halten."
>
> Peter Drucker (1909-2005) amerik. Ökonom

Ein Unternehmen alleine kann zwar sehr ökologisch handeln. Dies reicht für die Erstellung eines ökologischen Produktes jedoch nicht aus. Innerhalb der gesamten Wertschöpfungskette muss der ökologische Gedanke gelebt werden. Es hilft wenig, wenn ein deutsches Unternehmen die Umweltauflagen mehr als erfüllt, der ausländische Zulieferant mit geringen Umweltstandards bei der Erstellung eines Vorproduktes jedoch Unmengen an Schadstoffen an die Umwelt abgibt. Entscheidet sich ein Unternehmen damit für ökologisches Handeln, wird es zunehmend bedeutsam, durch alle Wertketten unternehmensübergreifend sicherzustellen, dass die ökologischen Gesichtspunkte entsprechende Berücksichtigung finden:

Abbildung 12: Unternehmensübergreifende Wertketten[83]

Eine aktuelle Umfrage aus dem Bereich Logistik zeigt, dass der Bereich „Green Supply Chain" verstärkt in Unternehmen in den Mittelpunkt rückt. Nach Angabe der Unternehmen sind Faktoren wie gestiegene Energiekosten, mögliche Differenzierungspotentiale im Vergleich zum Wettbewerb oder strategische Vorbereitung oder eine mögliche Vorreiterrolle im Umweltschutz Auslöser für ein Umdenken entlang der Beschaffungskette. 52% der befragten Unternehmen stellen finanzielle Mittel zur Umsetzung einer grünen Strategie zur Verfügung. Im Hinblick auf die Entwicklung bis zum Jahre 2010 zeigt sich, dass 32% von einer Erhöhung des Budgets ausgehen. Investments entlang der Wertschöpfungskette fließen verstärkt in die Ausführung von Audit-Maßnahmen, die Modifizierung /Modernisierung der Ge-

---

[83] Vgl. [Preiß].

bäudestrukturen nach ökologischen Gesichtspunkten oder in die Umstellung auf alternative Energien. Bezeichnend ist auch, dass 72% der Befragten angeben, dass der Wandel zu einer grünen Strategie in der Logistik top down vorgegeben wird. Dies weist darauf hin, dass die Führungskräfte der Unternehmen zunehmend auf „Go Green" setzen.[84] Im Zuge einer grünen Strategie wird es für Unternehmen bedeutend wichtiger, im Einkaufsprozess auf ökologische Inputfaktoren zu setzen, diese so ökologisch optimal wie möglich transportieren zu lassen und damit den Preis als ausschlaggebendes Kriterium zu relativieren. Wird eine grüne Strategie verfolgt, sind die Einkaufsaktivitäten entscheidend: In der Beschaffungsphase der Vorprodukte und notwendigen Ressourcen kann der größte Einfluss auf die ökologische Gestaltung eines Produktes genommen werden. Die Durchgängigkeit einer „Go Green"-Strategie kann nur gewährleistet werden, wenn Zulieferanten die gesetzten Ziele ebenfalls erfüllen. Somit ist eine Prüfung der Verträglichkeit von Zulieferanten zur grünen Strategie des eigenen Unternehmens im Vorfeld einer Beauftragung erforderlich. Umweltkriterien werden damit ein entscheidendes Auswahlmerkmal bei der Auftragsvergabe werden. Dabei werden sie voraussichtlich über einen reinen Energiepass zur Messung des Energieverbrauches hinausgehen. Nach der Auszeichnung von Unterlieferanten für hohe gelieferte Qualität ist nun die geforderte ökologische Kompetenz Anreiz für diese, auch ihre Betriebe umzustellen.[85] Als Vorreiter gilt hier die Deutsche Post DHL, welche den Bereich Klimaschutz mit in ihre Strategie übernommen hat. Als ein ehrgeiziges Programm wurde die Initiative „Go Green" implementiert: Das Unternehmen setzt nicht nur bei sich an: Bis zum Jahr 2020 soll die Effizienz der CO_2-Emmissionen des eigenen Unternehmens und seiner Subunternehmer um 30% gesteigert werden.[86]

Auch in einem ökologisch ausgerichteten Unternehmen werden Faktoren wie Qualität und Preis vermutlich nach wie vor eine große Rolle spielen. Trotzdem wird auch hier die Forderung nach ökologisch hergestellten Produkten nicht halt machen. Über alle Wertketten hinweg werden Umweltschutzmaßnahmen, Energieeffizienz und Reduzierung des CO_2-Fußabdruckes verlangt werden. Heute finden sich bereits neben dem erwähnten Beispiel der Deutschen Post DHL viele Firmen, die solche Faktoren in ihre Beschaffungsstrategie einfließen lassen. Damit muss sich nicht nur das Endkundengeschäft auf steigende Umweltanforderungen einstellen, sondern alle Unternehmen entlang der Wertschöpfungskette. Dies gilt natürlich nur,

---

[84] Vgl. [Studie Change to Green 2009], S. 14 ff.
[85] Vgl. [Studie Change to Green 2009], S. 38 ff.
[86] Vgl. [Hufschlag 2010], S. 26 ff.

wenn ein möglichst umweltfreundliches Produkt am Markt angeboten werden soll. Für Billigprodukte wird dies vorerst keine große Rolle spielen.

3.1.4 Einfluss der Öffentlichkeit

> „Ich warne davor, zu glauben, dass der Markt die Umwelt alleine in den Griff bekommt –
> dies ist geradezu ein Paradebeispiel für öffentliche Verantwortung."
> *Willy Brandt (1913-1992), dt. Politiker*

Durch zahlreiche Kampagnen initiiert durch die EU, die einzelnen Länder und nicht zu vergessen durch Umweltschutzinitiativen wie Greenpeace werden die Verbraucher zunehmend für die Ökologie von Produkten und deren Herstellung sensibilisiert bzw. gezielt mobilisiert. Hier besteht ein Zirkelbezug: Gleichzeitig wählen immer mehr Menschen nicht nur in Deutschland Umweltparteien, welche auf nationaler und internationaler Ebene weitere umweltpoltische Themen forcieren. Nun stellt sich die Frage, woher dieser Umschwung in der breiten Bevölkerung kommt und wie stark sich dieser bereits als Wertewandel manifestiert hat.[87] Dabei zeigt sich seit den 1980er Jahren eine klare Tendenz zur grünen Bewegung.

In vielerlei Literatur lassen sich Hinweise finden, dass der Wertewandel der Gesellschaft auf den sogenannten Postmaterialismus zurückzuführen ist. Diese politisch-soziologische Gesellschaftstheorie geht davon aus, dass in den heutigen Wohlstandsgesellschaften die Bedürfnisse der Menschen nach materieller Sicherheit soweit erfüllt sind, dass der Mensch nach neuen Werten strebt.[88] Der ursprüngliche Überlebenskampf des Menschen hat sich gewandelt zu einem Kampf um die Verteilung von spezifischen Risiken. Heute wird das menschliche Überleben meist von unkalkulierbaren und wenig beeinflussbaren Gefahren bedroht, wie beispielsweise Überschwemmungen, Dürreperioden oder Hurrikans.[89] Zudem rückt die Lebensqualität zunehmend in den Mittelpunkt. Dies schlägt sich laut der World-Values-Survey von 1990 bis 1993 auch in den Verhaltensweisen von Postmaterialisten nieder: Sie sind ca. 4 bis 10 mal so häufig in Gruppen für den Umweltschutz tätig und wählen 4 bis 6 mal eher Umweltparteien als die bisherig vorherrschenden Materialisten.[90]

Ausdruck dieser gesellschaftlichen Entwicklung sind die vielfach zitierten LOHAS. LOHAS bedeutet Lifestyle of Health and Sustainability. Gemeint ist damit, dass Menschen zunehmend auf einen bewussten und nachhaltigen

---

[87] Vgl. [Inglehart 1998], S. 337 ff.
[88] Vgl. [Bundeszentrale politische Bildung 2010].
[89] Vgl. [Inglehart 1998], S. 58 ff.
[90] Vgl. [Inglehart 1998], S. 337 ff.

Konsum setzen. Ziel dieser Bevölkerungsgruppe ist es, für die Nachfahren eine lebenswerte Umwelt zu erhalten und dies durch ihr Konsumverhalten zu unterstützen. Bemerkenswert dabei ist die Tatsache, dass es keinen stereotypischen Vertreter gibt: Sowohl Studenten als auch Besserverdienende haben sich dieser neuen Lebensphilosophie verschrieben. Neben den in der Vergangenheit skeptisch betrachteten, ideologischen „Ökos" finden sich immer mehr gesundheitsbewusste, fitnessorientierte Menschen, die ihr ökologisches Gewissen über einen ökologischen Konsum beruhigen. Beispiel dafür ist der Anstieg des Anteils an Bio-Lebensmitteln. Für 13% der Befragten ist „bio" ein sehr wichtiges und immerhin für 38% ein wichtiges Kaufkriterium. Daneben wandern zunehmend Fair Trade-Produkte in den Einkaufswagen. 5,4% der Bürger in Deutschland kaufen regelmäßig diese Waren. Mittlerweile ist dieses Label aus Dritte-Welt- und Bio-Läden auch in nahezu allen Supermärkten vertreten. Es lassen sich viele Beispiele für eine zunehmende Ökologisierung der Gesellschaft finden: Inanspruchnahme von Atmosfair zum Ausgleich von CO2 bei Flugreisen, Umstieg auf klimaneutrale Energien wie beispielsweise Greenpeace Energy oder klimaneutrale Transportleistungen bei der Deutschen Post DHL.[91]

Unterstützt wird dies durch eine aktuelle Studie des Umweltministeriums aus dem Jahr 2008[92]. Der überwiegende Teil der deutschen Bevölkerung sieht die Anstrengungen der Industrie in Sachen Umweltschutz als nicht ausreichend an (39% eher nicht genug, 44% nicht genug). Dabei befinden fast alle Befragten die Industrie als Hauptverursacher der Umweltverschmutzung (42% sehr stark/50% eher stark). Daraus lässt sich schließen, dass die Wirtschaft als größter Umweltverschmutzer und -zerstörer in die Pflicht genommen werden soll, um diese Schäden und deren Folgen zu beheben bzw. zu mindern. Interessant ist in diesem Zusammenhang die Forderung der Bevölkerung an die Politik, mit noch strikteren Umweltgesetzgebungen und -regelungen Einfluss auf die Wirtschaft zu nehmen. 84% der Befragten wünschen sich, dass die Politik verstärkt Druck auf die Unternehmen ausübt, damit diese klimaverträgliche Produktionsweisen anwenden. 43% der Befragten sind bereit einen Aufschlag für Produkte des alltäglichen Gebrauchs zu bezahlen, sofern diese nachweislich klimaverträglicher sind als Konkurrenzprodukte. Die Höhe des Aufschlages liegt dabei überwiegend bei bis zu 10%. Zusätzlich geben über die Hälfte der Befragten an, Firmen mit nachweislich umweltschädlichen Produkten zu boykottieren (22% stimmen voll und ganz zu/38% stimmen eher zu). Hinzu kommen neue Aktionsfelder für

---

[91] Vgl. [Studie Change to Green 2009], S. 102 ff.
[92] Bei der Studie im Zeitraum April bis Mai 2008 wurden ca. 2.000 Personen aus ganz Deutschland (Ost und West) befragt.

Unternehmen: Der überwiegende Teil der Befragten finden die Etikettierung von Produkten mit den verschiedensten Umwelt-Labels unübersichtlich (38% stimmen voll und ganz zu/ 45% stimmen eher zu). 85% der Studienteilnehmer wünschen eine Kennzeichnung über die Umwelt- und Gesundheitsverträglichkeit auf dem jeweiligen Produkt.[93] Einschneidende Ereignisse wie der Reaktorunfall in Fukushima im Frühjahr 2011 haben zudem die Bevölkerung aufgerüttelt. Kurz nach der Katastrophe wollte knapp die Hälfte der Deutschen (43%) den vorzeitigen Atomausstieg.[94] Letztendlich entschied sich die Bundesregierung in Deutschland Mitte 2011 durch die Ereignisse und die öffentliche Meinung zum Atomausstieg.[95]

Zusammenfassend lässt sich sagen, dass innerhalb der Bevölkerung ein wachsender Umweltschutzgedanke zu spüren ist. Dieser wird durch die Aktivitäten der verschiedenen Institutionen und der hohen medialen Präsenz von Umweltproblemen weiter gefördert. Eine bewusste Öffentlichkeit, welche ökologische Maßstäbe bei sich legt, wird diese bei Unternehmen ebenfalls ansetzen. Außerdem findet ökologische Bildung zunehmend einen Platz im Lehrplan der Schulen. Im Jahre 2008 wurde ein groß angelegtes Programm durch das Bundesumweltministerium gestartet, um bereits so früh wie möglich Kindern und Jugendlichen ein Bewusstsein für umweltrelevante Problemstellungen zu geben.[96] Damit werden sich Umweltprobleme, deren Lösungsmöglichkeiten und Anforderungen weiter in der Wahrnehmung der Gesellschaft verankern. Der Druck auf Unternehmen, diese Kraft innerhalb der Gesellschaft anzuhören und auch mit dieser in Diskurs zu gehen, wird folglich weiter steigen. Unternehmen sind gezwungen, sich den neuen Anforderungen durch aktive Öffentlichkeitsarbeit mit entsprechender Kommunikation zu begegnen und den damit verbundenen Trend ernst zu nehmen.

---

[93] Vgl. [BMU 2008], S. 17 ff.
[94] Vgl. [Deutschlandtrend 2011].
[95] Vgl. [BMU 2011].
[96] Vgl. [BMU Umwelterziehung].

3.1.5 Einfluss der Kapitalgeber

„Gewinn ist so notwendig wie die Luft zum Atmen, aber es wäre schlimm, wenn wir nur wirtschafteten, um Gewinne zu machen, wie es schlimm wäre, wenn wir nur lebten, um zu atmen."

Hermann Josef Abs (1901-1994), dt. Bankier

Auch in der Finanzwelt ist ein Trend hin zu Ökologie erkennbar, wie die Zahlen weiter unten belegen. Investitionsmöglichkeiten in grüne Anlagealternativen nehmen auf Grund der Nachfrage zu. An den Börsen werden mittlerweile verschiedene Indices geführt, um umweltorientiertes Handeln bzw. die Umweltausrichtung eines Unternehmens abzubilden. In Deutschland ist dies beispielsweise 2007 durch die Auflegung des Öko-Dax geschehen, welcher aus Unternehmen der erneuerbaren Energien besteht.[97] Der Natur-Aktien-Index (NAI) bildet seit 1997 30 internationale Unternehmen ab, welche besonders herausragend und konsequent als Öko-Vorreiter auftreten. Ein unabhängiger Ausschuss entscheidet nach verschiedenen Kriterien über die Aufnahme, beispielsweise Beitrag des Produktportfolios zu Lösungen ökologischer und sozialer Problemstellungen, Produkteigenschaften, technisches Herstellungsprozesses und die soziale Gestaltung dessen.[98] Für internationale börsennotierte Unternehmen ist der Dow Jones Sustainability Index ein wichtiges Kriterium. Als erster weltweiter Index verfolgt er seit 1999 die Performance der größten Unternehmen hinsichtlich ihrer Nachhaltigkeit und darin enthalten auch das Thema Ökologie.[99] Daneben gibt es zahlreiche weitere Indices und Ökofonds, welche Investoren für ihr grünes Investment wählen können. Die Prognosen für Ökofonds sind optimistisch: Ausgehend von einem Marktanteil im deutschsprachigen Raum von ca. 17% in 2009 schätzen Anlage-Spezialisten den Marktanteil bis Ende 2010 auf 35%. Die Entwicklung der Jahre 2008/2009 lässt diesen Optimismus zu: Von 2008 auf 2009 stieg die Anzahl der Ökofonds im deutschsprachigen Raum von 274 auf 313. Das investierte Geldvolumen wuchs im gleichen Zeitraum von 21 Mrd. Euro auf 35 Mrd. Euro an.[100] In 2007 wird der Anteil des SRI-Marktes (Socially Responsible Investment), also von sog sozial-verantwortlichen Investments und darin enthalten auch ökologische Investments, gem. Eurosif in Europa auf knapp 18% geschätzt.[101]

Daneben treten immer häufiger auch Ökobanken auf. Grundsätzlich bieten diese Banken vergleichbare Renditen wie herkömmliche Banken an. Im

---

[97] Vgl. [FAZ.net].
[98] Vgl. [Natur-Aktien-Index]; [Natur-Aktien-Index Kriterien].
[99] Vgl. [DJSI 2010].
[100] Vgl. [GELDANLAGE ANBIETER.DE].
[101] Vgl. [Nachhaltige Investments].

Unterschied zu konventionellen Banken fließen die vergebenen Kredite in ökologische und/oder soziale Projekte. Ziel dieser Banken ist durch die konsequente Kreditvergabe die Förderung von Vorhaben mit positivem Einfluss auf die Umwelt, den Menschen oder das Klima. Diese Projekte haben meist einen langfristigen Charakter. Bekanntester Vertreter der Ökobanken in Deutschland ist die „UmweltBank AG", gegründet 1997, oder die niederländische „Triodos Bank", gegründet 1980.[102] Der Wunsch der Anleger nach ethisch korrekten Geldanlagen zeigt sich im Zuwachs der gesamten Kundenzahlen von ethischen Geldinstituten um über 40% von ca. 127.000 im Jahre 2007 auf rund 175.000 im ersten Halbjahr 2010.[103] Allein die Umweltbank konnte von 2008 auf 2009 ihre Kundenzahl um 15% auf knapp 80.000 Kunden steigern. Das um 30% gestiegenen Geschäftsvolumen (1.652 Mio. € in 2009) spiegelt die wachsende Aktivität wieder.[104] Zwar ist der aktuelle Marktanteil der Ökobanken insgesamt noch sehr niedrig. Doch auch hier sind die Prognosen optimistisch: Es wird ein Zuwachs auf ca. 10–12 Mio. Kunden bis ins Jahr 2020 vorausgesagt. Damit würden Ökobanken zu einem wichtigen Spieler auf dem Finanzparkett werden. Die oben beschriebenen Wachstumsraten wurden vor allem durch die Finanzkrise verstärkt: Der Wunsch der privaten Anleger zu wissen, was mit ihrem Geld passiert, steigt. Die Krise am Finanzmarkt hat vielen Menschen vor Augen geführt, welche Risiken das Finanzsystem durch diverse Finanzinstrumente inne hat. Hier setzt die hohe Transparenz der Ökobanken an und trifft damit den Nerv der Zeit: Jeder kann sich informieren, wer Kredite durch das Unternehmen bekommt und in welche Projekte das angelegte Kapital fließt.[105]

Da neben Renditeerwartungen zunehmend ethische und ökologische Faktoren in den Vordergrund treten und zum Unternehmenszweck gehören, wächst das Kapital, welches zur Finanzierung ökologischer Vorhaben zur Verfügung steht. Dies zeigen die Prognosen der zukünftigen Mitgliederzahlen und des verfügbaren Geldvolumens. Gleichzeitig wird es für Unternehmen zunehmend schwieriger, Kredite zu angemessenen Konditionen zu erhalten. Wie oben beschrieben, vergeben Ökobanken Kredite nur an Firmen mit einer ökologischen und sozialen Ausrichtung. Muss ein Unternehmer sich nun am Finanzmarkt mit Fremdkapital eindecken, bedeutet es im Umkehrschluss, dass er bei einer ökologischen Ausrichtung des Unternehmens bei Ökobanken als zusätzliche Anlaufstelle Kredite anfragen kann. Außerdem erhöht eine Listung in einem der oben beschriebenen Indices die At-

---

[102] Vgl. [Think Eco].
[103] Vgl. [STATISTIKA].
[104] Vgl. [Umweltbank].
[105] Vgl. [Capital 2010].

traktivität des Unternehmens und erhöht den Bekanntheitsgrad. Somit bieten sich ökologischen Unternehmen zunehmend bessere Möglichkeiten, sich externes Kapital, sei es über die Börse oder durch Kredite, zu beschaffen.

3.1.6 Einfluss der Mitarbeiter

> „Wenn Sie langfristig im Markt Chancen haben wollen, müssen Sie umweltbewusst wirtschaften. Sonst finden Sie weder gute Mitarbeiter, noch will jemand Ihre Produkte kaufen."
>
> Helmut Sihler (*1930), Manager

Laut der Alterspyramide schrumpfen die meisten Industriegesellschaften. Einige Kalkulationen gehen von einem Rückgang der Erwerbstätigen um 42% bis zum Jahre 2040 aus.[106] Eine Studie durch Deloitte hat gezeigt, dass sich heute viele Unternehmer enorme Sorgen über die zukünftigen Gewinnung von sogenannter „Critical Talents", also Mitarbeiter mit hohen Einfluss auf die Leistung des Unternehmens, machen.[107]. Es herrscht der „War of Talents" zwischen den verschiedenen Firmen, derzeit bei Studienabgängern für Ingenieurwesen zu beobachten. In der heutigen Wissensgesellschaft, in der die Innovationsfähigkeit von dem Erfindergeist der Mitarbeiter und deren Engagement für das Unternehmen abhängen, wird das Humankapital zum wichtigen Wettbewerbsvorteil. Unternehmen können nicht mehr darauf hoffen, dass die Besten der Besten automatisch zu ihnen kommen.[108] Deshalb müssen sie neben den direkten Leistungen, wie dem Gehalt und dem angebotenem Arbeitsplatz, noch indirekte Anreize schaffen, um Mitarbeiter zu gewinnen bzw. zu halten. Erfolgreiche Umstellung auf Umweltschutz bzw. die Implementierung eines Umweltschutzgedankens kombiniert mit effektiven Kommunikationsmitteln erhöht zum Einen den Bekanntheitsgrad. Zum Anderen stärkt sie die Identifikation der bestehenden Mitarbeiter mit dem Unternehmen, hilft, neue Mitarbeiter anzuwerben und steigert die Leistungsbereitschaft dieser. Denn das Image von Unternehmen hat einen erheblichen Einfluss auf die Wahl des Arbeitgebers.[109]

In der heutigen Gesellschaft nicht zu vernachlässigen ist auch der Faktor Loyalität zu einem Unternehmen. Eine Studie unter Managern hat gezeigt, dass die Loyalität zum Arbeitgeber umso größer ist, je mehr die eigenen Werte mit dem Wertesystem des Arbeitgebers gefühlt übereinstimmen. Daneben sind Unternehmen, welche einen Gleichklang zwischen den Werten

---

[106] Vgl. [Petkovic 2007], S. 1 ff.
[107] Vgl. [Innovationsreport].
[108] Vgl. [Petkovic 2007], S. 1 ff
[109] Vgl. [Petkovic 2007], S. 41 ff. und 73 ff.; [Gaiser/Linxweiler/Brucker 2005], S. 475 ff.

der Organisation und den persönlichen Werten der Mitarbeiter haben, häufig besser in der internen und externen Kommunikation, haben in der Regel gleichzeitig eine bessere Anpassungs- und Kooperationsfähigkeit und können ihre Ressourcen effizienter aussteuern. Auch können Unternehmen mit einem strengen Wertesystem ein vergleichsweise höheres Wachstum verzeichnen.[110] Im Umkehrschluss sind damit die Unternehmen erfolgreicher, welche durch ein passendes Wertesystem Mitarbeiter mit gleichlautenden Werten anwerben, diese konsequent im Unternehmen leben und umsetzen.

Übernehmen Unternehmer Vorreiterrollen in derartigen Themen, spiegelt sich dies in der Regel in entsprechenden Presseberichten wieder. Durch diese indirekte Pressearbeit wird der Ruf eines Unternehmens in der öffentlichen Wahrnehmung gestärkt. Daraufhin werden Recruitingmaßnahmen besser wahrgenommen und das Unternehmen profitiert von einer höheren Attraktivität. Vor allem in KMUs spielt dies eine entscheidende Rolle, da diese in der Regel deutlich weniger präsent sind als große Konzerne.[111]

Zusammenfassend lässt sich damit sagen, dass Unternehmen, die langfristig in Umweltprojekte und in eine „grünere" Produktion und Produkte investieren, einen starken Markennamen kreieren können. Wie oben beschrieben machen sie sich als Arbeitgeber im Rahmen von „Employer Branding" attraktiv für Mitarbeiter mit einer ökologischen Grundhaltung und können dieses Merkmal zur Differenzierung gegenüber vergleichbaren Unternehmen nutzen. Auch besteht hier für Unternehmen ein hohes innovatives Potential: Umweltbewusste Mitarbeiter haben dadurch eine hohe Motivation nach Verbesserung der bestehenden Produkte, Realisierung von Einsparungen und Erneuerung der Prozesse zur Umsetzung einer grünen Unternehmensstrategie zu streben.[112]

---

[110] Vgl. [Wildemann 2010], S. 21 ff.
[111] Vgl. [Münderlein/Welzel 2006], S. 120 ff.
[112] Eigene Ableitung.

3.1.7 Sicherung von Wachstum

> „Das Märchen vom Job-Killer Umweltschutz, darauf hat die Bundesregierung zu Recht immer wieder hingewiesen, gibt es nicht; 400 000 Arbeitsplätze im Umweltschutz-Bereich sprechen dagegen."
>
> Hubert Weinzierl (*1935), dt. Umweltschützer

Die verschiedenen Stakeholder zeigen: Ökologie und „Go Green" ist ein gesellschaftlicher Trend. Wie oben beschrieben hat die Politik hierbei eine herausragende Machtposition. Für Unternehmen stellt sie eine Instanz dar, welche vielfach nicht beeinflussbar ist, selbst jedoch großen Einfluss ausüben kann. Gepaart mit den Anforderungen der verschiedenen Interessensverbände und privaten Institutionen ändern sich die Rahmenbedingungen für Unternehmen mit unterschiedlicher Dynamik. Hier heißt es für Unternehmen aktiv werden und sich mit den geltenden und teils faktischen Regeln vertraut zu machen. Nur dann kann es sicher sein, innerhalb der geltenden Vorschriften zu handeln. Gleichzeitig wirkt die Gesellschaft mit dem Wunsch nach zunehmend ökologischeren Produkten ein. Diese ist nicht nur für die Konsumgüterindustrie von Bedeutung, sondern kommt mit der oben beschriebenen Forderung nach der Durchgängigkeit der Wertketten auch bei Anbietern von Investitionsgütern und Dienstleistungen an. Lieferanten kommen zunehmend in Zugzwang und müssen zum Erhalt der Wettbewerbsfähigkeit ökologisch agieren. Zugleich schafft eine ökologische Positionierung nicht nur Wettbewerbsvorteile auf der Absatzseite, sondern kann auch die Attraktivität als Arbeitgeber erhöhen. Auch Banken suchen, wie oben beschrieben, verstärkt nach „grünen" Investments und vergeben Darlehen bevorzugt an Kreditnehmer mit einer klaren Umweltorientierung. Um der Kreditklemme zu entgehen, kann es für Unternehmen lohnend sein, auf den Wachstumsfaktor Umwelt, finanziert durch ein „grünes" Darlehen zu setzen. Hat sich ein Unternehmer nicht rechtzeitig auf die sich wandelnden Anforderungen eingestellt, kann es viel Zeit kosten, sich nachträglich darauf einzustellen. Eine Expansion in dieser Phase ist dann nur sehr schwer möglich.[113] „Go Green" ist damit ein relevanter Aspekt, welcher von den verschiedenen Gruppen gefordert wird. Im Rahmen des Risikomanagements der Unternehmungen sollte dieser nicht vernachlässigt werden. Resultierende Umweltkonflikte können ein Unternehmen unter Umständen stark schwächen. Es gilt diese daher zu vermeiden oder zumindest zu minimieren.[114] Deshalb sollte sich eine Organisation an die sich ändernden Rahmenbedingungen aus Politik und Gesellschaft anpassen. Nur dann kann ein

---

[113] Vgl. [Willis 2009], S. xviii ff.
[114] Vgl. [Bassen/Senkl 2010], S. 256 f.

nachhaltiges Unternehmenswachstum generiert werden, welches langfristig das Überleben am Markt sichert.

3.2 Einfluss auf den Unternehmenserfolg

> „Ökologie ist nicht als Badeschlappen-Politik zu verstehen,
> sondern als wirtschaftliche Chance."
> *Karl-Theodor zu Guttenberg (*1971), dt. Politiker*

Wie oben beschrieben ist ein gesellschaftlicher Wandel zu spüren. Zwar ist unklar, wie tiefgreifend und wie lange dieser andauern wird, doch bleibt anzunehmen, dass dieser Trend für die nächsten Jahre bis Jahrzehnte das Konsumverhalten maßgeblich beeinflussen wird. Entscheiden sich Unternehmen zu mehr Umweltschutz in ihrem Unternehmen kann dies auf vielfältige Weise geschehen. Veränderung von Produktionseinrichtungen zur Ressourcenschonung und Energieeinsparung, Ausrichtung auf ein „grünes" Portfolio, Umstellung auf ökologische Bezugsquellen, Unterstützung von Umweltschutzprojekten – die Möglichkeiten für Unternehmer ökologisch aufzutreten sind weitläufig.

Ziel eines Unternehmens wird es nach wie vor bleiben, eine für das Geschäft vergleichbare Rendite zu erwirtschaften, um die Kapitalgeber des Unternehmens zu befriedigen. Angemessen in diesem Zusammenhang ist als risikoadäquat zu verstehen. D. h. für ein Investment mit hohem Risiko werden höhere Renditen erwartet, als für ein risikoloses Investment. Somit werden abhängig von jeweiligen Unternehmen das Risiko und somit die Anforderungen an die Rendite variieren. Fremdkapitalgeber haben in der Regel andere Erwartungen, da ihre Sicherheiten meist höher und ihr Risiko damit geringer ist. Eigenkapitalgeber fordern meist eine über dem Marktzinssatz liegende Rendite, um für die verbundene Unsicherheit einen Risikozuschlag zu erhalten.[115]

Letztendlich entscheiden der Kunde und sein Konsumverhalten darüber, ob die am Markt angebotenen Produkte und Dienstleistungen einen Abnehmer finden. Heutzutage nimmt die Austauschbarkeit der angebotenen Waren zu.[116] Der Käufer entscheidet über das Preis-Nutzen-Verhältnis, wo er kauft. Und dies wird in der Regel bei dem Unternehmen geschehen, welches aus Sicht des Konsumenten einen höheren Nutzen mit dem Produkt liefern kann. Damit kann ein Unternehmen mit seinem angebotenen Preis-Nutzen-

---

[115] Vgl. [Thoms 2010], S. 11.
[116] Vgl. [Münderlein/Welzel 2006], S. 162.

Verhältnis im Vergleich zum Wettbewerb einen Wettbewerbsvorteil schaffen.[117] Folgende Graphik veranschaulicht den Sachverhalt:

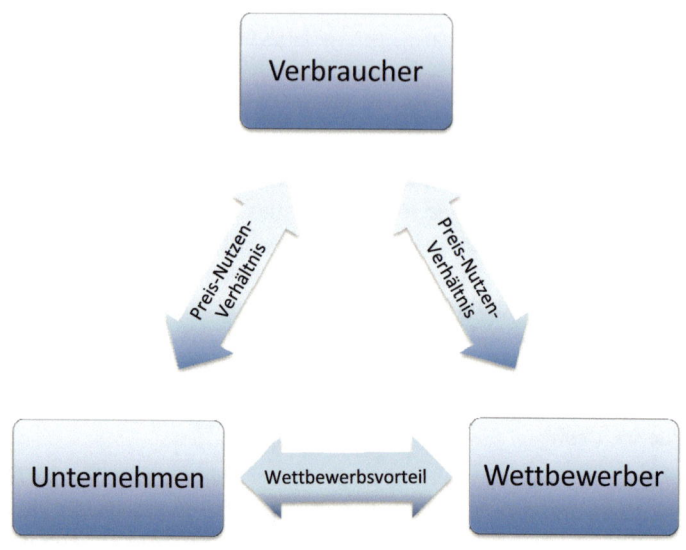

Abbildung 13: Verhältnis Unternehmen zu Verbraucher und Wettbewerber[118]

Wie kann ein Unternehmer dies nutzen, um einen entscheidenden Wettbewerbsvorteil gegenüber der Konkurrenz zu schaffen und die von den Geldgebern geforderte Rendite zu erwirtschaften? Es lassen sich zwei für den materiellen Erfolgsbegriff wesentliche Stellschrauben ableiten: Umsatz und Kosten.

3.2.1 Einfluss auf den Umsatz

„Zweifle nie daran, dass eine kleine Gruppe aufmerksamer, engagierter Bürger die Welt verändern kann. In der Tat ist das das Einzige, das jemals etwas geändert hat."
Margaret Mead (1901-1978) amerik. Anthropologin

In Zukunft wird die Nachfrage nach ökologischen bzw. ökologisch produzierten und transportierten Waren und Dienstleistungen ansteigen. Ein steigender Anteil der deutschen Bevölkerung ist bereit, wie oben beschrieben, dafür

---

[117] In Anlehnung an: [Corsten 1998], S. 13.
[118] In Anlehnung an: [Corsten], S. 13.

mehr Geld auszugeben. Gemäß den Ergebnissen der oben beschriebenen Studien wird der Verbraucher zur „Beruhigung" seines ökologischen Gewissens bei gleichem oder nur leicht unterschiedlichem Preis auf das ökologischere Angebot zurückgreifen. Kann ein Unternehmen dem Konsument mit seinem Engagement nachweisen, dass sein Produkt ökologischer bzw. ökologischer hergestellt ist, als das der Konkurrenz, wird dies die Kaufentscheidung in der oben beschriebenen postmateriellen Gesellschaft beeinflussen.

Heutzutage wird diese mehr und mehr von psychologischen Faktoren beeinflusst. Der emotionale Faktor des Kauferlebnisses bzw. des damit verbundenen subjektiven Wert für den Käufer nimmt an Bedeutung zu. Eine ökologisch orientierte Profilierung am Markt führt zur gewünschten Käuferwahrnehmung.[119] Hinzu kommt das Problem vieler Firmen, sich im wachsenden Wettbewerb durch die schlechte Positionierung nicht ausreichend von der Konkurrenz zu differenzieren. Verbrauchern fällt es mit zunehmender Homogenität der Marken schwerer das klare Profil eines Unternehmens zu erkennen. Produkte werden untereinander substituierbar, ohne sich durch ein Alleinstellungsmerkmal abzuheben.[120] Die Positionierung mit dem Faktor Umwelt kann dazu führen, dass Firmen eine eindeutige Position am Markt beziehen und ihre Marke damit vom Rest abheben. Tritt ein Unternehmen als erstes in seiner Branche mit dieser Strategie am Markt auf, kann es bedingt durch diesen neuen Wettbewerbsvorteil einen großen Anteil des noch vergleichsweise neuen Marktsegmentes für sich gewinnen. Für das Unternehmen essentiell ist hierbei als Erster im Wettbewerb zu sein. Weiterhin ist zu bedenken, dass damit die Reputation des Unternehmens insgesamt steigt. Als „First of a Kind" wird das Unternehmen auch langfristig von diesem Image profitieren, selbst wenn Konkurrenzunternehmen der Branche gleichgezogen sind. Vergleichbares ist in der Getränkeindustrie zu sehen, wo Coca-Cola seit Jahren als das Getränk gilt, obwohl andere Getränkehersteller mittlerweile vergleichbare Produkte anbieten.[121]

Nicht zu vergessen ist auf der anderen Seite der Imageverlust bei einem Verstoß gegen die geltende Umweltauffassung. In den neunziger Jahren hat dies das Beispiel Shell mit der Versenkung der Bohrinsel „Brent Spar" gezeigt.[122] Der von Umweltschützern und Umweltgruppen medial inszenierte Kampf hat das Bild eines rücksichtslosen Ölkonzerns geformt und zum großflächigen Boykott der Konsumenten mit einer kurzfristigen, 30%igen Umsatzeinbuße für den Ölriesen geführt. Selbst mehr als zehn Jahre später ist

---

[119] Vgl. [Gaiser/Linxweiler/Brucker 2005], S. 46 ff.
[120] Vgl. [Gaiser/Linxweiler/Brucker 2005], S. 21.
[121] Vgl. [Gaiser/Linxweiler/Brucker 2005], S. 43 ff.
[122] Vgl. [Icks/Kaufmann/Menke 1997], S. 38 ff.

es immer noch in den Köpfen der Verbraucher.[123] Wesentlich dramatischer und aktueller ist der Fall BP: Im Frühjahr 2010 kam es auf der Bohrinsel „Deepwater Horizon" zu einer Explosion, gefolgt vom Austritt von geschätzten 800 Mio. Liter Rohöl in den Golf von Mexiko. Erst Monate später konnte der Austritt des Öls gestoppt werden. Die Folgen für das Ökosystem Meer sind verheerend und nicht vollständig abschätzbar.[124] Für das Unternehmen bedeutete es im zweiten Quartal einen Verlust in Höhe von 17,1 Mrd. US Dollar durch die drohenden Verbindlichkeiten aus der Katastrophe (32,2 Mrd. US Dollar)[125]. In Summe wird die Entschädigungssumme auf 51 Mrd. Euro geschätzt.[126] In Folge der Katastrophe boykottieren 53% der Deutschen laut einer repräsentativen Umfrage BP, 55% wollen dies auch in Zukunft tun. Der Reputationsverlust, auch auf Grund des Verhaltens von BP, ist enorm. Das Image wird sich nicht in Kürze wieder herstellen lassen. Dies wird langfristige Umsatzeinbußen nach sich ziehen.[127] Auch am Aktienmarkt wurde BP abgestraft. Die Aktie von BP sank kurz nach der Katastrophe auf den tiefsten Stand innerhalb der letzten 13 Jahre. Das Unternehmen verlor 70 Mrd. Euro an Wert.[128] Dieses Beispiel zeigt, dass Umsatz und Wertsteigerung nicht nur positiv von Umweltschutz beeinflusst werden, sondern dass auf der anderen Seite Umweltschäden zu einem massiven Kapitalverlust für Anleger und Unternehmen führen können.

Hinzu kommt das steigende Bedürfnis der Verbraucher, nicht nur als Abnehmer gesehen, sondern vielmehr von Unternehmen als kritische Mit-Entscheider ernst genommen zu werden. Zukünftig müssen Unternehmen durch die Nachfrage nach einer gemeinsamen Verantwortung seitens der Kunden eine ernsthafte Partnerschaft mit ihnen aufbauen.[129] Das heißt: „Unternehmen und Kundschaft werden zu einer Verantwortungsgemeinschaft."[130]

Insgesamt kann ein Unternehmen das Thema Umweltschutz dazu nutzen, das Produkt und seine Marke damit zu beeinflussen, sich von denen der Konkurrenz abzuheben und sich an den Wünschen der Kunden auszurichten. Folgende Graphik veranschaulicht die drei Zielrichtungen, mit welcher eine Umsatzsteigerung durch Umweltschutz erreicht werden kann:

---

[123] Vgl. [IFOK/Frings 2007], S. 3.
[124] Vgl. [Tagesschau 1].
[125] Vgl. [Tagesschau].
[126] Vgl. [Statistika 2010].
[127] Vgl. [Faktenkontor/Forthmann].
[128] Vgl. [Kaiser 2010].
[129] Vgl. [Jakob/von Passavant 2009], S. 63 ff.
[130] Siehe: [Jakob/von Passavant 2009], S. 65.

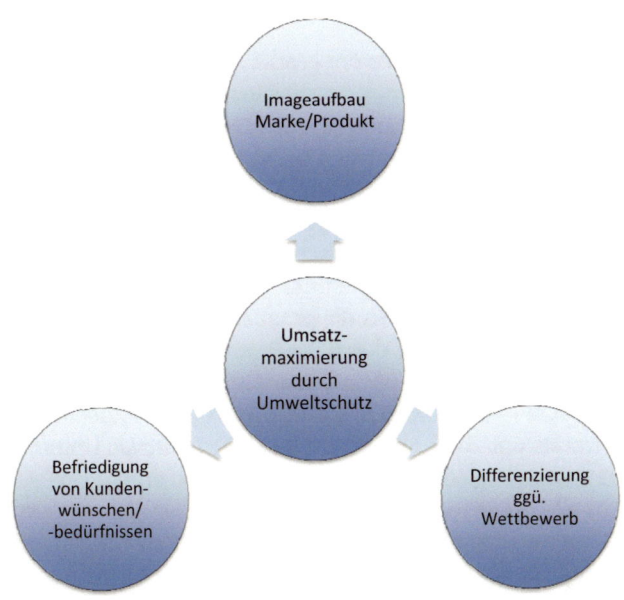

Abbildung 14: Positionierung durch Umweltschutz[131]

Nicht zu vergessen ist auch der Faktor möglicher Umsatzpotentiale in Umwelttechnologien. Dies bedeutet für Unternehmen eine große Chance, weitere Wachstumsfelder zu generieren und ihre Marktposition auszubauen. Laut dem Green-Tech-Atlas Stand 2009 der Unternehmensberatung Roland Berger bestehen erhebliche Chancen für Unternehmen: In Deutschland sind ca. 1,2 Millionen Mitarbeiter in der Umweltwirtschaft[132] tätig. Prognosen gehen von einer Wachstumsrate der Umwelttechnologien[133] in Höhe von 6,5% p. a. aus. Aktuell ist Deutschland durch seine hohen Weltmarktanteil unter den führenden Unternehmen in folgenden Bereichen: 30% Weltmarktanteil

---

[131] In Anlehnung an: [Gaiser/Linxweiler/Brucker 2005], S. 47.
[132] Umweltwirtschaft = Gem. einer auf die OECD zurückgehenden Definition bezeichnet Umweltwirtschaft einen Querschnitt durch verschiedene Branchen, welche durch die hergestellten Produkte und Dienstleistungen Umweltauswirkungen und -schäden messen, reduzieren, vermeiden, limitieren oder berichtigen. Vgl. [Braun 2003], S. 68.
[133] Umwelttechnologie = Unter Umwelttechnologien lassen sich Techniken zusammenfassen, welche die Umwelt weniger stark belasten als vergleichbare, bestehende Alternativtechnologien. Vgl. [Thorn 2011], S. 1.

bei erneuerbaren Energien, 12% bei Energieeffizienzsteigerungen und ca. 24% bei Kreislaufwirtschaft.[134]

Somit ist in Deutschland bereits ein großer Know-how-Pool vorhanden, auf welchen nicht nur Unternehmen aus der Branche Umwelttechnologien zugreifen können. Vielmehr können sich alle Branchen über den Arbeitsmarkt daraus bedienen und über das oben beschriebene Employer Branding Mitarbeiter gezielt anwerben. Ökologisches Know-how wird damit eingekauft und die eigene Position im Wettbewerb ausgebaut, um langfristig Umsatzzuwächse zu schaffen. Um ökologische Konsumgüter herzustellen, ist die oben beschriebene Durchgängigkeit der Wertketten erforderlich. Nur wenn sichergestellt werden kann, dass die produzierenden Maschinen so effizient wie möglich arbeiten und der durch die Produktion, den Transport, den Gebrauch und die Entsorgung verursachte Carbon Footprint, also die damit verbundene CO_2-Ausstoßmenge, sowie weitere Umweltbeeinträchtigungen von Luft, Wasser und Boden möglichst klein sind, wird ein Unternehmen sein Umweltbewusstsein glaubhaft machen können. So erfolgt eine Ausdehnung auf nahezu alle Branchen. Vorfälle mit gravierenden Umweltauswirkungen, wie die erwähnte Umweltkatastrophe am Golf von Mexiko zeigen, dass Unternehmen, welche nicht per se umweltproaktiv handeln, einen großen Schaden beim Umsatz erleiden können.

3.2.2 Einfluss auf die Kosten

> „Alles hat seinen Preis, besonders die Dinge, die nichts kosten."
> *Art van Rheyn (1939-2005), Schriftsteller*

Kritiker führen häufig die hohen Kosten einer Umstellung zu einer ökologischen Unternehmenskultur an. Grundsätzlich ist eine Veränderung in einem Unternehmen immer mit Aufwand verbunden. Demgegenüber stehen jedoch Kosteneinsparpotentiale aus Prozessoptimierung oder einer Reduzierung der Risiken.

Ein Unternehmen kann in der innerbetrieblichen Wertschöpfungskette sowohl in den primären als auch in den sekundären Aktivitäten Veränderungen vornehmen, um in der Gesamtheit ökologischer zu handeln. Folgende Graphik veranschaulicht die von Porter geprägte Wertschöpfungskette (Wertkette):

---

[134] Vgl. [Zabel 2010], S. 24 ff.

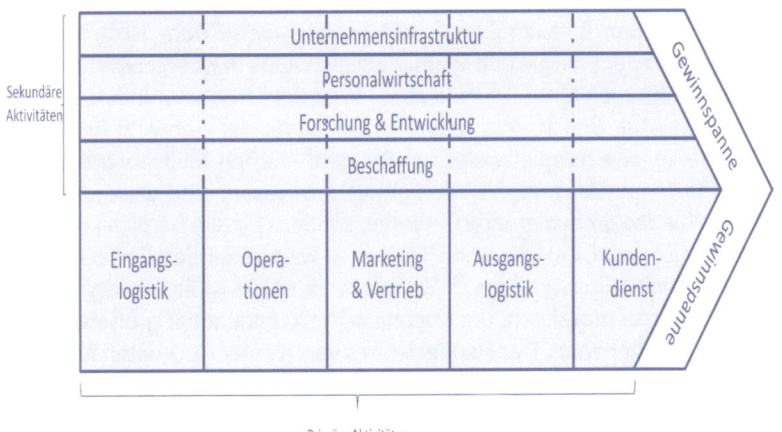

Primäre Aktivitäten

Grundsätzlich fallen bei der Herstellung eines Gutes immer direkte und indirekte Kosten an. Direkte Kosten fallen während der Produktion bzw. Erstellung des zu verkaufenden Gutes an. Ein Hauptbestandteil der Kosten entfallen auf den Energieverbrauch. Die Energieerzeugung ist wiederum für einen großen Anteil am Treibhauseffekt verantwortlich. Da fossile Brennstoffe – indirekt über Strom oder direkt über Heizöl bezogen – langsam zur Neige gehen, werden die Energiekosten zukünftig weiter steigen. Energie wird in Betrieben in vielfacher Hinsicht verbraucht: Zum Antrieb von Maschinen und Elektrogeräten, zur Warmwassergewinnung, Kühlung, Druckluft oder Dampferzeugung. Meist geht ein nicht kleiner Anteil der bezogenen Energie ungenutzt durch überflüssigen Verbrauch von Strom oder nicht genutzte Abwärme verloren. Ist sich ein Unternehmen dessen bewusst, kann es gezielt Maßnahmen einleiten, um den Energiebedarf zu senken. Dies kann bei relativ einfachen Maßnahmen beginnen, wie beispielsweise der Überprüfung von Beleuchtung, Reduzierung von nicht notwendigen Laufzeiten von Geräten und Maschinen oder der Kontrolle der Überhitzung von Räumen hin zu komplexeren Maßnahmen wie der Rückgewinnung von Wärme oder Verbesserung von Nutzungsgraden wie durch die Installation von Blockheizkraftwerken im Betrieb selbst.[136] Hier kann schnell eine hohe Einsparung sowohl in den primären als auch den sekundären Aktivitäten des Unternehmens realisiert werden. Eine andere Möglichkeit ist die Modernisierung des be-

---

[135] Vgl. [Corsten], S. 14.
[136] Vgl. [Bundesministerium und Umweltbundesamt 2001], S. 337 ff.

stehenden Maschinenparks: Neue Maschinen und Gebäude werden heutzutage in der Regel energiesparend gebaut und geplant. Zudem lässt sich eine Ersparnis bei den Einsatzfaktoren wie beispielsweise Roh- Hilfs- und Betriebsstoffen oder Energie und Wasser erzielen. Eine Wiederverwertung oder ein Nicht-Gebrauch eines Teiles dieser Einsatzfaktoren vermindert das eingesetzte Kapital. Gleichzeitig reduziert sich damit der Aufwand für die Begleitprozesse, wie beispielsweise bei der betrieblichen Müllverwertung, der Beschaffung oder auch in der Verwaltung. Interessant sind diese Varianten nicht nur für das produzierende Gewerbe, sondern für alle Bereiche der Wirtschaft. Heute bereits existierende Techniken warten auf den Einsatz und ermöglichen hohe Einsparungen.[137] Vor allem für KMUs ist es wichtig, Kosteneinsparungen zu realisieren, um Kostennachteile gegenüber größeren Wettbewerbern zu beheben. Der Handel lebt es vor, da hier die Kosten für Strom inkl. Heizung und Licht sowie Wasser ca. 2–3% vom Umsatz ausmachen: die Energieproduktivität der Einzelhandelsfilialen konnte laut HDE um ca. 20 Prozentpunkte durch einfach zu realisierende Maßnahmen wie Austausch von Leuchtmitteln, Optimierung der Klimaanlagen oder Erneuerung der Dämmung gesteigert werden. Tengelmann-Chef Karl-Erivan Haub zeigt, dass in modernen Supermärkten eine Energieeinsparung von bis zu 50% möglich ist. Moderne Gebäudetechniken ermöglichen eine Senkung des Energieverbrauchs bis zu 40%.[138] Auch in den Büros stecken enorme Einsparpotentiale. Unter dem Stichwort „Green IT" wird der Einsatz von Energie bei PCs, Rechenzentren und Serverlösungen optimiert. Einsparpotentiale von bis zu 40% lassen sich hier trotz des gestiegenen Volumens bei der Datenverarbeitung erzielen. Beispiele hierfür sind die Bündelung von Servern, die Reduzierung von Kühlungen in Serverräumen, Nutzung der Abwärme oder der Einsatz durch Thin Clients. Auch kleine Änderungen, wie das Abschalten von Monitoren, bilden hier einen Beitrag, der unter dem Gesichtspunkt steigender Energiekosten eine zunehmende Rolle spielt.[139] Damit können Gemeinkosten im sekundären Bereich vermindert werden. Dem Unternehmen stehen diese Einsparungen an anderer Stelle zur Verfügung. Auch im Bereich der Logistik gibt es verschiedene Handlungsmöglichkeiten. So kann ein Unternehmen von schnellen Verkehrsmitteln wie z. B. einem LKW auf kostengünstigere und umweltfreundlichere Alternativen wie Schiene oder Binnenschiff umsteigen. Durch Optimierung der Gestaltung auf dem Betriebsgelände lassen sich innerbetriebliche Transporte vermeiden bzw. durch intelligente Lagerhaltung (z. B. Lagerung am nächsten Produktions-

---

[137] Vgl. [Willis 2009], S. xvi ff.
[138] Vgl. [Kurtz 2010], S. 21 ff.
[139] Vgl. [Henke 2010], S. 63 ff.

schritt) reduzieren. Insgesamt kann ein Unternehmen entlang der Wertschöpfungskette sowohl in den primären als auch in den sekundären Aktivitäten zahlreiche Maßnahmen festlegen, um durch Reduzierung des Materialeinsatzes, Minimierung von Ausschuss, Vermeidung von Abfällen und Abwässern und durch gezielte Energieeinsparungen insgesamt die Kosten für deren Beschaffung und Beseitigung drastisch reduzieren. Gleichzeitig werden dadurch die natürlichen Ressourcen geschont und die Umwelt dadurch weniger belastet.[140] Als Kostentreiber lassen sich Material-, Bearbeitungs- und Entsorgungskosten lokalisieren. Das folgende Schaubild zeigt, welche Treiber beeinflusst werden können, um Kosten zu sparen und gleichzeitig die Umwelt zu schonen:

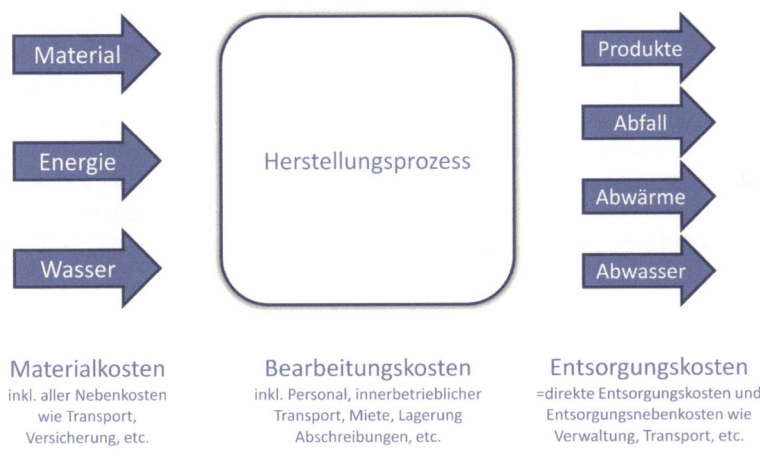

Abbildung 16: Ansatzpunkte von Einsparungen[141]

Unternehmen können unter Berücksichtigung von Umweltfaktoren in den unterschiedlichen Kostenarten tatsächlich Einsparungen realisieren. Im Wesentlichen sind diese hauptsächlich bei Energiekosten zu sehen. Bisher ist vielen Unternehmen noch nicht bewusst, wie viel Energie tatsächlich an welchen Stellen im Unternehmen verbraucht wird. Eine umfassende Erhebung bringt jedoch ebenfalls Aufwand mit sich. Ein Blick in die Zukunft kann auch

---

[140] Vgl. [Bundesministerium und Umweltbundesamt], S. 357 ff.
[141] Eigene Darstellung in Anlehnung an: [Bundesministerium und Umweltbundesamt], S. 524.

hier helfen: Netzbetreiber sollen dazu verpflichtet werden Smart Meter (intelligente Stromzähler) bei Komplettsanierungen und Neubauten anzubringen. Damit wird eine Messung des Stromverbrauches für ein Unternehmen einfacher. Gerade bei IT und Energieeffizienzmaßnahmen kann ein Unternehmen die Kosten weiter senken, indem es staatliche Förderprogramme in Anspruch nimmt. Das eigens eingerichtete Beratungsbüros durch das BMU, der KfW-Bankengruppe und Bitkom (Bundesverband Informationswirtschaft, Telekommunikation und neue Medien, e. V.) berät Organisationen hinsichtlich „Green-IT". Förderprogramme wie das Umweltinnovationsprogramm (UIP) oder das ERP-Umwelt- und Energieeffizienzprogramm (sogenannte Breitenförderung) geben Unternehmen finanzielle Unterstützung bei Energieeffizienzmaßnahmen.[142]

Ein wachsender Kostentreiber können in den unterschiedlichen Branchen die oben beschriebenen umweltpolitischen Instrumente wie Steuern, Abgaben und Auflagen werden. Aktuell hat die Politik in Form des Emissionshandels begonnen, dem Ge- und Verbrauch von Umwelt einen Preis zuzuweisen. Mit der abnehmenden Regenerationskapazität der Umwelt und der einhergehenden Umweltverschmutzung wird der Druck zu handeln auch in der Politik ankommen. Die Hauptverursacher von Umweltbeeinträchtigungen werden dann aufgefordert, ihren Beitrag zu leisten, sei es in Form von finanziellen Transferzahlungen oder innerbetrieblichen Maßnahmen. In jedem Fall wird es im Unternehmen Kosten verursachen.

3.3 Zusammenfassung

„Es ist eine alte deutsche Krankheit, dass man mit dem Hinweis auf das Beste von morgen
das Gute von heute nicht macht, und das Schlechte von gestern bleibt."
*Klaus Töpfer (*1938), dt. Politiker*

Unter Berücksichtigung der oben genannten Faktoren, scheint es einen tiefgreifenden Trend in der Gesellschaft zu geben. Dieser Wandel schlägt sich auch in der öffentlichen Diskussion und in zahlreichen wissenschaftlichen Abhandlungen nieder. Publikationen über die Verantwortung des Individuums und vor allem die der Unternehmen nehmen zu. Das Idealbild des ehrbaren Kaufmannes wird wieder in den Vordergrund gerückt, ethisches Verhalten gefordert.[143] Reines „Green Washing"[144] wird dabei zunehmend von

---

[142] Vgl. [König 2010], S. 41 f.
[143] Vgl. [Lüke 2010].
[144] Green Washing = Kreieren eines ökologischen Erscheinungsbild von Unternehmen durch gezielte Öffentlichkeitsarbeit, obwohl im Unternehmen keine erkennbaren An-

der Öffentlichkeit gestraft. Gefragt oder vielmehr gefordert werden durchgängige Strategien, die für den Konsumenten transparent nachvollziehbar sind. Häufig ist auch die Rede von einem neuen Moralismus. Auch wenn Kritiker anderer Meinung sind, heute hängt der Erfolg oder Misserfolg eines Unternehmens stark von der öffentlichen Wahrnehmung ab. Im neuen „Ecotismus", in welchem Öko-Konsum als schick gilt, tritt der betriebliche Umweltschutzgedanke aus seiner Nische heraus und wird zusammen mit Nachhaltigkeit zu den Management-Herausforderungen der Zukunft werden.[145] Damit entscheidet die richtige „Go Green"-Strategie eines Unternehmens tatsächlich über dessen langfristiges Erfolgspotential und ist ein entscheidender Faktor für den Unternehmenserfolg. Umweltschutz als reines Marketing-Instrument wird nicht ausreichen. Gesellschaft, Politik und Wirtschaft fordern eine Umweltorientierung. Umweltkatastrophen wie die Überschwemmung in Pakistan oder die Ölkatastrophe im Golf von Mexiko setzen sich im Bewusstsein der Menschen fest. Das menschliche Handeln und die Folgen für die Umwelt werden präsenter werden. Das oben beschriebene neue Umweltbewusstsein nimmt scheinbar zu. Werden Unternehmen heute nicht aktiv, werden sie morgen möglicherweise keinen Erfolg mehr haben.

Das Management von Unternehmen ist aufgefordert, seine ökonomischen Ziele um eine neue Dimension zu erweitern, nämlich um die ethisch-gesellschaftliche:

---

strengungen zur Umsetzung einer ökologischen Unternehmensausrichtung erkennbar sind. Vgl. [Lin-Hi].
[145] Vgl. [Horx 2007].

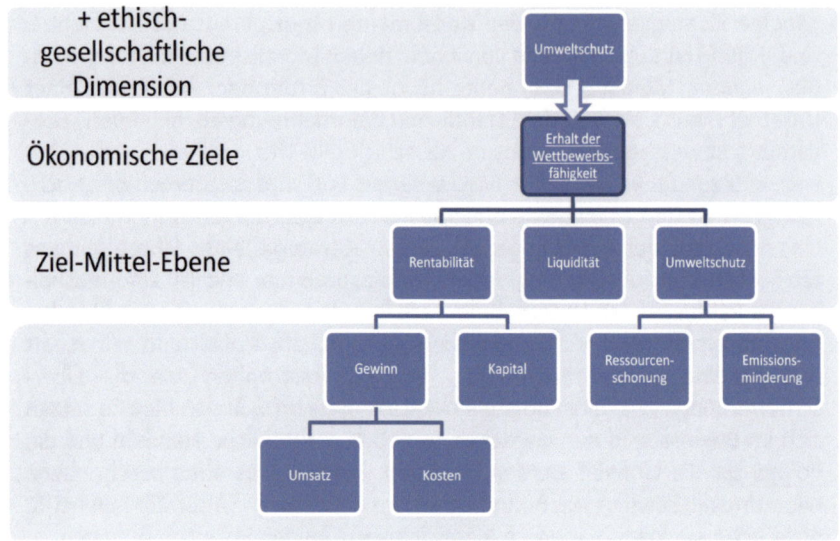

Abbildung 17: Unternehmensziele[146]

Umweltschutz, die Schonung natürlicher Ressourcen und der Ausbau der langfristigen Wettbewerbsfähigkeit eines Unternehmens zur Erzielung von Gewinnen sind untrennbar mit Unternehmen verbunden. Somit muss die oberste Unternehmensführung Maßnahmen zur Umsetzung dieser Anforderungen ergreifen. Die heute vorherrschende Umsetzungsstrategie ist jedoch noch der reaktive Ansatz, d. h. ein Unternehmen ändert nur etwas, wenn es von außen gezwungen wird. Grundsätzlich gibt es vier Ausprägungen in Abhängigkeit von der Nutzung im Marketing-Mix und der Umsetzung einer tatsächlichen Öko-Strategie. Diese sind folgende:[147]

---

[146] In Anlehnung an: [Müller 2010], S. 28.
[147] Vgl. [Müller 2010], S. 21 ff.

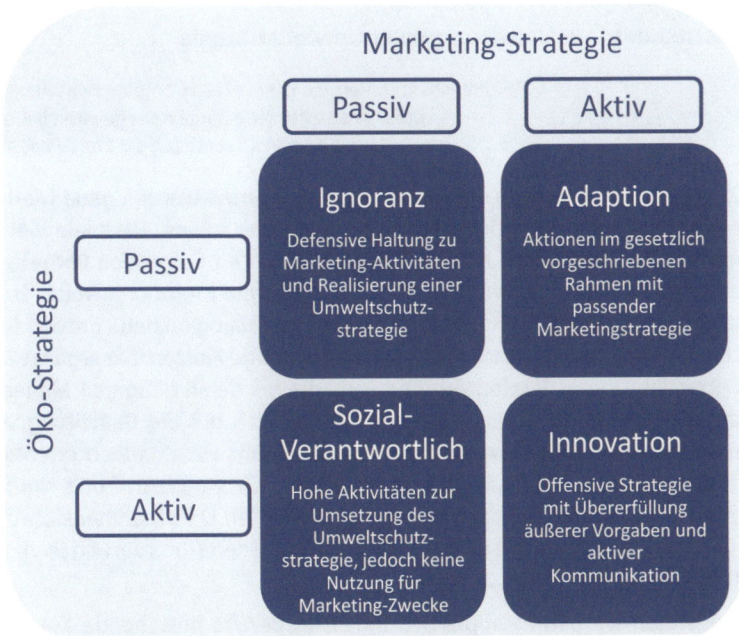

Abbildung 18: Strategien zur Umsetzung von Umweltmaßnahmen[148]

Instrumente zur Integration von Ökologie in ein Unternehmen sind vielfältig. Unternehmen sollten sich heute darüber im Klaren sein, dass eine defensive Haltung kurzfristig Kosten für die Realisierung von Umweltschutzmaßnahmen gering hält. Langfristig muss es im Rahmen der Risikobewertung allerdings damit rechnen, dass Wettbewerber frühzeitiger mit entsprechenden Produkten in den Markt eintreten. Für das eigene Unternehmen kann es zu einer langen Reaktionszeit kommen, welche verhindert, ebenfalls schnell in diesen Markt einzutreten zu können. Gleichzeitig bestehen für einen Wettbewerber mit einer innovativen oder adaptiven Strategie die Chancen Kosten durch Umweltschutzmaßnahmen einzusparen und das Image aufzuwerten.[149] Eine proaktive Umweltpolitik im Unternehmen zu etablieren ist die Herausforderung an das Management. Diesem stehen hierzu verschiedene Möglichkeiten zur Umsetzung zur Verfügung. Einige Beispiele werden im nächsten Teil erläutert.

---

[148] In Anlehnung an: [Müller 2010], S. 33.
[149] Vgl. [Müller 2010], S. 31 ff.

4. Instrumente zur Umsetzung einer Umweltstrategie

> „Die Zeit wird kommen, wo unsere Nachkommen sich wundern,
> dass wir so offenbare Dinge nicht gewusst haben."
> Lucius Annaeus Seneca (1-65 n.Chr.), Philosoph

Im Zuge des ökologischen Handelns in Unternehmen werden neue Methoden benötigt, um die heutigen Anforderungen abzubilden. Beispiele hierfür lassen sich bereits in der Literatur finden, wie die im Folgenden vorgestellten. Und aller Voraussicht nach werden bestehende Methoden weiter bzw. neue entwickelt werden. Ein Beispiel für die Anpassung an neue Entwicklungen ist die Balance Scorecard (BSC) nach Kaplan und Norton. Sie ergänzt seit den 90er Jahren des letzten Jahrtausends die bis dahin gängigen Managementmethoden um eine neue Dimension, nämlich um die Beachtung von immateriellen Vermögenswerten neben rein finanzwirtschaftlich orientierten Kenngrößen.[150] Die neuen bzw. angepassten Management-Tools werden vermutlich bald zum Standard einer gewissenhaften Unternehmensführung gehören, um ausreichend auf die oben beschriebenen Anforderungen zu reagieren.

Im Folgenden werden exemplarisch mögliche bereits bestehende Management-Tools vorgestellt und Möglichkeiten für eine erfolgreiche Umsetzung gegeben.

4.1 Implementierung gem. der Normenreihe ISO 14000

> „Das Besondere unterliegt ewig dem Allgemeinen; das Allgemeine hat ewig sich dem
> Besonderen zu fügen."
> Johann Wolfgang von Goethe (1749-1832), dt. Dichter

Vor allem kleinere und mittlere Unternehmen stehen sehr häufig vor dem Problem geringer Ressourcen, d. h. weder Zeit noch Geld sind in ausreichender Höhe vorhanden. Doch verlangt der Markt, wie bereits beschrieben, zunehmend ökologisches und nachhaltiges Wirtschaften. Heute lassen sich in der Literatur viele Modelle und Systeme zum Thema Umweltmanagement finden. Um aus der Fülle der Möglichkeiten für das Unternehmen die sinnvollste zu wählen, bietet sich die Umsetzung der anerkannten ISO-Normen[151] an. Die ISO-Norm bildet darüber hinaus die Grundlage für die Gestaltung eines Umweltmanagement für die oben beschriebene EMASVO.[152]

---

[150] [Kaplan/Norton 1996], S. 6 ff.
[151] ISO = International Standard Organisation.
[152] Vgl. [EMAS 2010].

Auch im Bereich Umweltmanagement ist es zweckmäßig der ISO-Norm zu folgen. ISO ist ein Zusammenschluss aus nationalen Normausschüssen zur Erarbeitung von international gültigen Normen.[153] Es bietet sowohl für große als auch kleine und mittelständische Unternehmen den Vorteil der hohen Akzeptanz der ISO-Normen. Diese sind im Bereich des Qualitätsmanagements (QM) nicht mehr wegzudenken und in einer Vielzahl von Unternehmen bereits bekannt und etabliert.

Grundnormen für die Etablierung eines Umweltmanagementsystems ist die Normenreihe DIN ISO 14000[154]:

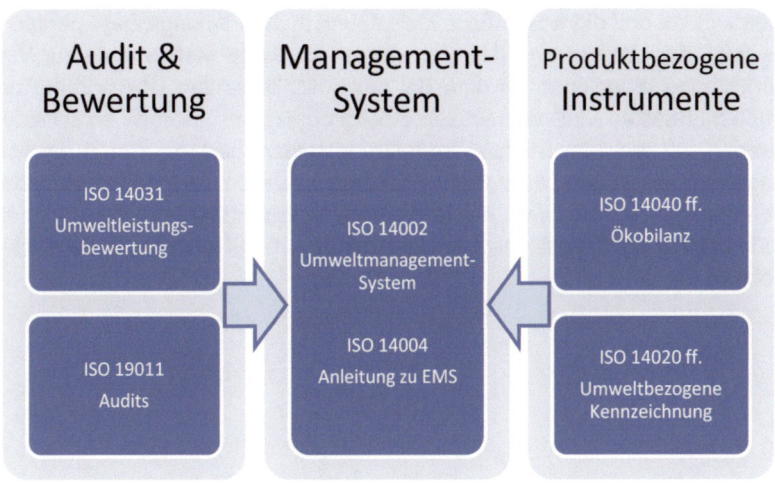

Abbildung 19: Dokumente für ein Umweltmanagementsystem[155]

Im Folgenden werden die einzelnen detaillierter betrachtet.

---

[153] Vgl. [Brockhaus 2], S. 239.
[154] Die DIN EN ISO 14001 (Ausgabe 2005-02) wurde durch die DIN EN ISO 14001 (Ausgabe 2009-11) ersetzt. Im vorliegenden Text wird noch auf die vorherige Version referenziert, wobei sich für die Umsetzung in der Praxis keine Änderungen ergeben. (vgl. QUM 2011).
[155] Siehe: [Klüppel 2006], S. 4.

4.1.1 Umweltmanagement-System

„Wir haben in Deutschland kein Erkenntnisdefizit, sondern ein Umsetzungsdefizit."
Peter Krämer (*1950), dt. Reeder

Neben der zentralen Norm DIN EN ISO 14001 „Umweltmanagement-Systeme – Anforderungen mit Anleitung zur Anwendung" (Ausgabe 2005-06) für die Etablierung eines Umweltmanagement-Systems ist die DIN ISO 14004 „Umweltmanagement-Systeme – Allgemeiner Leitfaden über Grundsätze, Systeme und unterstützende Maßnahmen" (Ausgabe 2005-07) von Relevanz.[156]

Abgeleitet aus der Umweltpolitik des Unternehmens werden relevante Umweltaspekte und die wesentliche Zielsetzung in der Planungsphase definiert. Es folgt die Umsetzungsphase, in welcher konkrete Maßnahmen zur Verwirklichung eingeleitet werden. Bei der anschließenden Überprüfung der implementierten Maßnahmen sollte nach objektiven Kriterien entschieden werden, an welchen Stellen Optimierungsbedarf besteht. Durch die Management-Bewertung erfolgt ein Rückfluss in die Umweltpolitik des Unternehmens. Unabhängig, ob ein Umweltmanagementsystem extern oder intern betreut wird, sollte es gem. der gültigen ISO-Norm folgendermaßen ablaufen:

---

[156] Vgl. [Klüppel 2006], S. 15 ff.

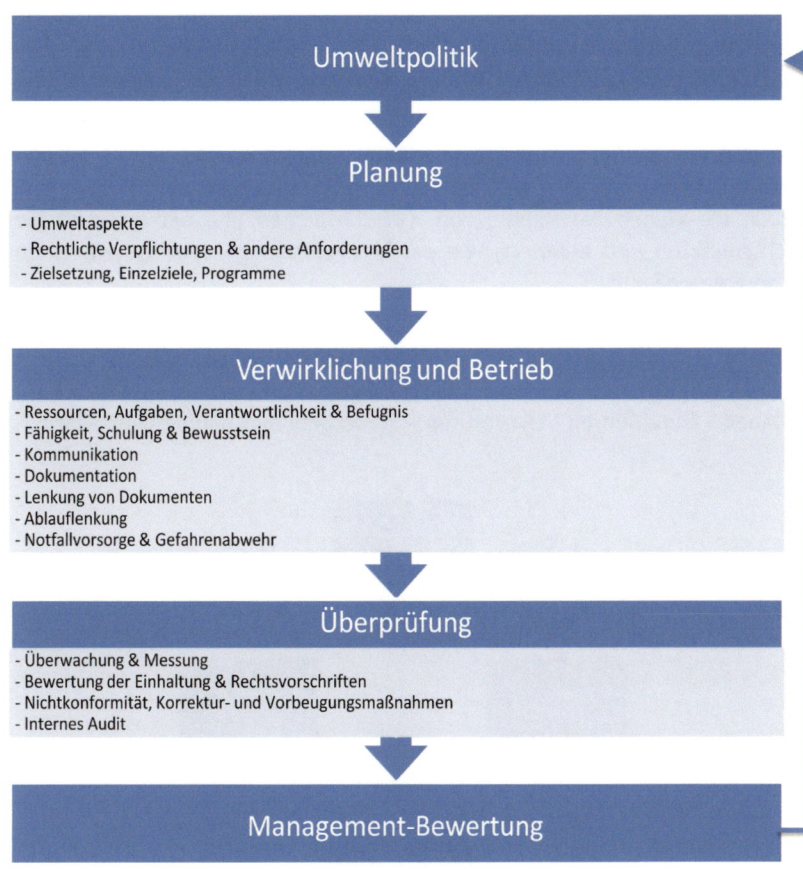

Abbildung 20: Ablauf Umweltmanagement-System[157]

Ein Umweltmanagement muss nicht zwangsläufig durch eine externe Organisation zertifiziert werden. Laut Norm gibt es noch weitere Möglichkeiten nachzuweisen, dass die Konformität des Umweltmanagement-Systems mit den Forderungen der Norm gegeben ist:

- Internes Audit mit Abgabe einer Selbsterklärung
- Ein Externer bestätigt die Konformität
- Dritte mit Interesse an dem Unternehmen bestätigen die Konformität

---

[157] Siehe: [Klüppel 2006], S. 16.

Damit ist ein großer Spielraum für Unternehmen gegeben ein Umweltmanagement-System einzuführen, dieses kostengünstig bestätigen zu lassen und dabei die betrieblichen Belange ausreichend berücksichtigen zu können.[158]

Ob und welche Schwerpunkte überhaupt gesetzt werden sollen, ist vom Unternehmen abhängig. DIN ISO 14004 gibt außerdem eine Hilfestellung durch die Gegenüberstellung von wirtschaftlichen und ökologischen Gesichtspunkten und erläutert, wie ein Umweltmanagement-System eingeführt werden kann.[159]

Um eine Einführung und Etablierung eines Umweltmanagement-Systems so einfach und effizient wie möglich zu gestalten, sollte nach dem PDCA-Modell vorgegangen werden. PDCA steht dabei für Plan – Do – Check – Act (Planen – Durchführen – Überprüfen – Steuerungsmaßnahmen ergreifen):

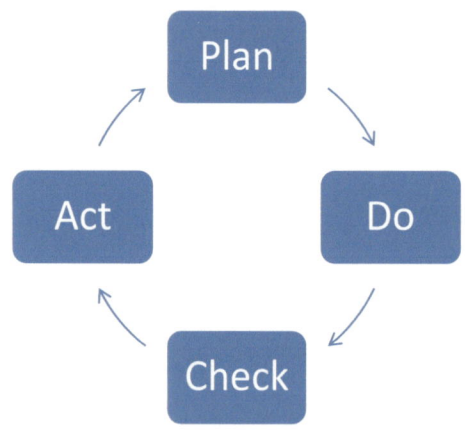

Abbildung 21: PDCA-Zyklus[160]

1. Plan

Abgeleitet aus Umweltpolitik, Umweltaspekten und den Auswirkungen des unternehmerischen Handelns auf die Umwelt legt das Unternehmen seine Zielsetzung in Sachen Umwelt fest. Programme zur Zielerreichung sind zu

---

[158] Vgl. [Klüppel 2006], S. 15 ff.
[159] Siehe: [Klüppel 2006], S. 16 ff.
[160] Eigene Darstellung in Anlehnung an: [Klüppel 2006], S. 17 ff.

entwickeln. Die notwendige Messbarkeit wird durch geeignete Leistungskennzahlen gegeben.

2. Do

Im zweiten Schritt geht es um die Umsetzung der Planung. Dabei ist die Struktur im Unternehmen anzupassen: das Management ist einzubeziehen, notwendige Ressourcen sind bereitzustellen, Aufgaben sind zu verteilen, die betroffenen Mitarbeiter sind zu schulen, Kommunikationsprozesse nach innen und nach außen sind einzuführen, Etablierung einer entsprechenden Dokumentation ist zu gewährleisten, Notfallpläne und Gefahrenabwehr sind zu etablieren. Um letztendlich ein Umweltmanagementsystem zu realisieren, sind alle Maßnahmen angepasst auf das jeweilige Unternehmen umzusetzen.

3. Check

Nach der Einführung eines Umweltmanagements ist dieses laufend auf seine Wirksamkeit hin zu evaluieren. Mit Hilfe von Messungen und Soll-Ist-Vergleichen ist der aktuelle Stand im Vergleich zum Plan zu überwachen und zu bewerten. Dies kann mit Hilfe von internen Audits durchgeführt werden. Mit einer Abweichungsanalyse können Schwachstellen und Fehler erkannt und notwendige Korrekturmaßnahmen ergriffen werden.

4. Act

Im Rahmen des kontinuierlichen Verbesserungsprozesses ist die Planung laufend zu überprüfen, um den Prozess und das etablierte Umweltmanagement-System laufend verbessern zu können. Bei Managementbewertungen kann die Wahrnehmung innerhalb der Organisation bewertet und das Umweltmanagement-System ggf. optimiert werden.

Die einzelnen durchzuführenden Schritte nach dem PDCA-Zyklus können sinnvoll mit anderen Teilbereichen der ISO-14000-Normreihe bzw. mit anderen im Unternehmen vorhandenen Managementsystemen, wie beispielsweise einem QM-System kombiniert und durchgeführt werden.[161]

---

[161] Siehe: [Klüppel 2006], S. 15 ff.

4.1.2 Audit

„Vertrauen ist gut, Kontrolle ist besser."
Sprichwort (wird Lenin zugeordnet)

Im Bereich des Audits lassen sich viele Parallelen zu den in Unternehmen bereits vielfach etablierten QM-Systemen finden. Demnach besteht auch hier die Möglichkeit, bereits laufende Aktivitäten zu kombinieren und damit Synergien zu realisieren.

In der Zentralnorm DIN EN ISO 19011 (Ausgabe 2002-12) – Leitfaden für Audits von Qualitätsmanagement – und/oder Umweltmanagement-Systemen werden beide Bereiche geregelt. Daneben existiert die DIN ISO 14015 (Ausgabe 2003-11) – Umweltmanagement: Umweltbewertung von Standorten und Organisationen. Die DIN-Norm versteht unter einem Audit einen „systematischen, unabhängigen und dokumentierten Prozess zur Erlangung von Auditnachweisen und zu deren objektiven Auswertung, um zu ermitteln, inwieweit Auditkriterien erfüllt sind."[162] Der grundlegende Ablauf stellt sich folgendermaßen dar:

---

[162] Siehe: [Klüppel 2006], S. 21 ff.

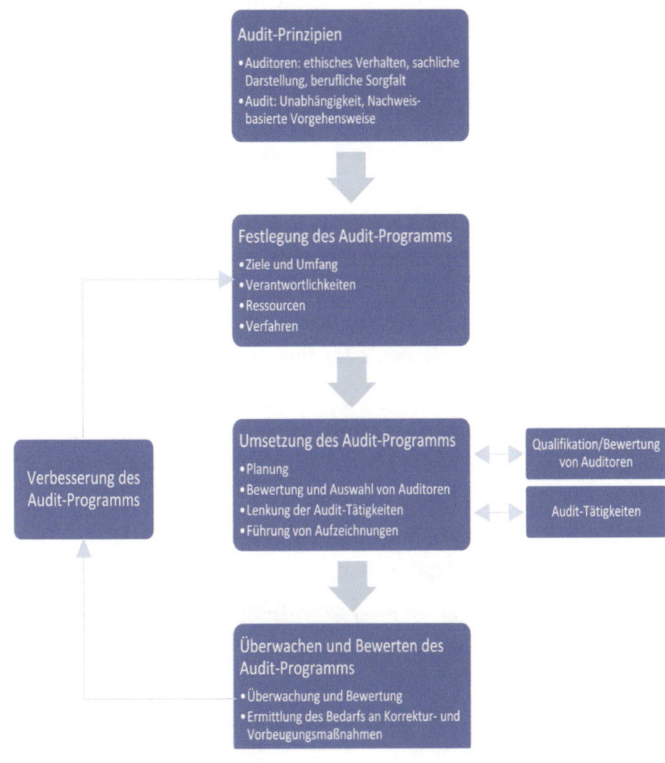

Abbildung 22: Darstellung Audit-Prozess [163]

Dieser Audit-Prozess kann sowohl für interne als auch für externe Audits angewandt werden. Je nach Ziel und Umfang des Audits lässt er sich in folgende Bereiche unterscheiden:

- System-Audit: Überprüfung, ob die Anforderungen an das Umweltmanagementsystem eingehalten werden.

- Prozess-Audit: Überprüfung, ob der Prozess so gestaltet ist, dass die gesteckten Ziele damit erreicht werden können.

- Produkt-Audit: Überprüfung, ob ein Produkt alle internen und externen Anforderungen erfüllt.

- Compliance-Audit: Überprüfung, ob alle Anforderungen aus Gesetz, von Behörden oder aus Verträgen erfüllt werden.

---

[163] Siehe: [Klüppel 2006], S. 21.

Voraussetzung bei allen Audits ist die fachliche und persönliche Befähigung des Auditors.[164]

4.1.3 Umweltbezogene Kennzeichnung

„Die neue Quelle der Macht ist nicht mehr Geld in der Hand von wenigen, sondern Information in den Händen von vielen."
John Naisbitt (*1929), amerik. Autor

Der kritische und aufgeschlossene Konsument fordert Informationen von einem Unternehmen ein. Das Unternehmen befindet sich damit in einer Bringschuld und muss diese in adäquater Form der interessierten Öffentlichkeit bereitstellen. Eine Möglichkeit ist hierzu die umweltbezogene Kennzeichnung.

Eine geeignete Möglichkeit für Unternehmen ökologische Faktoren nach außen zu kommunizieren ist die umweltbezogene Kennzeichnung gem. der 14020-Norm. Die wesentlichsten Normen sind:

- Umweltkennzeichnungen und -deklarationen: Allgemeine Grundsätze (DIN EN ISO 14020 – Ausgabe 2000-02)
- Umweltkennzeichnungen und -deklarationen: Umweltbezogene Anbietererklärungen; Umweltkennzeichnungen Typ II (DIN EN ISO 14020 – Ausgabe 2001-12)
- Umweltkennzeichnungen und -deklarationen: Umweltkennzeichnung Typ I, Grundsätze und Verfahren (DIN EN ISO 14024 – Ausgabe 2001-02)
- Umweltkennzeichnungen und -deklaration: Umweltdeklarationen Typ III – Grundsätze und Verfahren (DIN ISO 14025 – Ausgabe 2005-07)[165]

Grundgedanke all dieser Normen ist die Weitergabe von produktbezogenen Informationen zum Thema Umweltschutz an potenzielle Kunden bzw. generell an Dritte. Gem. DIN EN ISO 14020 ist das definierte Ziel „durch Mitteilung von überprüfbaren, genauen und nicht irreführenden Angaben zu Umweltaspekten Angebot und Nachfrage von Produkten zu unterstützen, die weniger Umweltbelastungen verursachen, wodurch das Potenzial von marktgetriebenen kontinuierlichen Umweltverbesserungen angeregt wird."[166]

Ein Unternehmen kann aus den drei Typen zur Kennzeichnung wählen:

---

[164] Vgl. [Klüppel 2006], S. 21 ff.
[165] Vgl. [Klüppel 2006], S. 24 f.
[166] Siehe: [Klüppel 2006], S. 24.

Adressat	Verantwortung	Vergleichbarkeit	Grundlage	Verwendbarkeit für das Unternehmen	Beispiel
Typ I Private und gewerbliche Endverbraucher	Vergabe durch unabhängige Stelle	mittel	Analyse signifikanter Umweltaspekte über Produktlebensweg hinweg	Zur Kennzeichnung von Produkten vorgesehen	Blauer Engel
Typ II Private und gewerbliche Endverbraucher	Verantwortung trägt der Hersteller	niedrig	Begrenzte Auswahl von Umweltaspekten, i.d.R. Betrachtung nur eines Faktors	Kennzeichnung möglich	Hinweis auf Abbaubarkeit von Waschmitteln
Typ III Industrie und Gewerbe	Unabhängige Verifizierung ist Voraussetzung	hoch	Basis bilden Ökobilanzen	Keine Kennzeichnung von Produkten vorgesehen	Umweltdeklaration eines Produktes

Tabelle 1: Übersicht Kennzeichnungsarten[167]

Je nach geplantem Adressatenkreis und der grundlegenden Umweltstrategie kann das Unternehmen wählen. In jedem Fall sind die allgemeinen Grundsätze der DIN EN ISO 14020 einzuhalten:

- Genauigkeit, Überprüfbarkeit und keine Irreführung durch die Umweltkennzeichnung bzw. -deklaration
- Umweltkennzeichnungen bzw. -deklarationen sollen keine zusätzliche Hürde im internationalen Handel darstellen
- Wissenschaftlichkeit und Überprüfbarkeit der angewendeten Methoden, um genaue und reproduzierbare Aussagen zu erhalten
- Zugänglichkeit der Informationen für alle Interessenten
- Berücksichtigung aller relevanter Faktoren im Lebensweg eines Produktes
- Vermeidung einer zusätzlichen Hürde für Innovation in Produkte mit besserer Umweltleistung
- Reduzierung der Formalismen auf ein möglichst geringes Maß
- Umweltkennzeichnung bzw. -deklaration sollten gem. Abstimmung und Anforderungen der Interessierten erarbeitet werden
- Verfügbarkeit der Informationen für alle Käufer und potentiellen Käufer[168]

---

[167] Eigene Darstellung in Anlehnung an: [Klüppel 2006], S. 24 ff.
[168] Vgl. [Klüppel 2006], S. 24 ff.

Von einer weiteren Beschreibung der einzelnen Typen und den damit verbundenen Anforderungen wird an dieser Stelle abgesehen. Je nach Zielrichtung eines Unternehmens kann es sinnvoll sein, sich für eine offizielle, zertifizierte Kennzeichnung zu entscheiden – mit oder ohne Ökobilanz, oder sich auf eine reine Herstellerkennzeichnung zu beschränken. Dies hängt von der jeweiligen Branche und den Anforderungen der Verbraucher ab. Dennoch ist eine entsprechende Kennzeichnung eine gute Möglichkeit, das zunehmende Informationsbedürfnis vor allem im Privatkundenmarkt zu befriedigen und bei industriellen Gütern eine zusätzliche Komponente in einen Angebotsvergleich gegenüber dem Wettbewerber einzubringen.

4.1.4 Etablieren einer ökologischen Berichterstattung

> „Ein Gramm Information wiegt schwerer als tausend Tonnen Meinung."
> Gerd Bacher (*1925), österr. Journalist

Tu Gutes und sprich darüber – dieser einfache Satz stellt die Kernaussage der Berichterstattung dar. Was hilft es einem Unternehmen ökologisch zu agieren, wenn dies nicht von außen wahrgenommen werden kann. Folglich können die oben dargestellten positiven Einflüsse damit nicht auf das Unternehmen wirken. Häufig ist besonders kleineren und mittleren Unternehmen diese Wirkung nicht ausreichend bewusst. Daneben kann die Berichterstattung von Umweltbelangen auch gesetzlich vorgeschrieben sein: Das Handelsgesetzbuch (HGB) fordert die Berücksichtigung von Umweltbelangen in Form von nichtfinanzieller Indikatoren in § 289 Abs. 3 HGB für den Lagebericht bzw. in § 315 Abs. 1 Satz 4 HGB für den Konzernlagebericht.[169]

Was lässt sich unter einer Umweltberichterstattung verstehen. Darunter werden alle Maßnahmen zur Information über ökologierelevante Themen der unternehmensinternen und/oder -externen Stakeholder verstanden. Ziel der Berichterstattung ist es, die Absichten und Aktivitäten eines Unternehmens im Zusammenhang mit Umweltschutz und Ökologie darzustellen, sowie die Probleme und bereits erzielte Erfolge zu beschreiben, welche durch die Produkte und deren Produktion entstehen. Zum Einsatz können die verschiedensten Medien kommen, z. B. Veröffentlichungen oder mündliche Erklärungen.[170] Generell gibt es keine verbindlichen Vorgaben, denen ein Unternehmen folgen muss. Es existieren lediglich einzelne Vorschläge, wie beispielsweise die oben erwähnte GRI oder Empfehlungen des United Nations Global Compact, einer politischen Initiative der Vereinten Nationen mit dem Ziel in Unternehmen zehn universell anerkannte Prinzipien aus den Be-

---

[169] Vgl. [Fischer, Thomas/Huber, Robert/Sawczyn,], S. 228 f.
[170] Vgl. [Umweltlexikon1].

reichen Menschenrechte, Arbeit, Umwelt und Anti-Korruption zu etablieren, um langfristig einen Nutzen sowohl für die Wirtschaft als auch für die Gesellschaft zu schaffen.[171] Diese können eine Richtschnur bilden, an welcher sich die Berichterstattung orientieren kann. Die genannten Empfehlungen bilden neben den ökologischen Faktoren auch soziale und ökonomische Indikatoren ab. Um ein optimales Kosten-Nutzen-Verhältnis herzustellen, muss ein Unternehmen im Vorfeld festlegen, welche Punkte in welchem Umfang berichtet werden sollen. Die berichteten Größen sollten zur Strategie und dem Produktspektrum passen. Je nach Branche ist hier eine unterschiedliche Gewichtung sinnvoll.[172] Mögliche Berichtsgrößen können sein:

- Umweltpolitik/-managementsystem
- Klimastrategie
- Produkt- und Dienstleistungsgestaltung (z. B. Langlebigkeit, Energieeffizienz, Lebenszyklusanalysen, verwendete Materialien und Substanzen)
- Ressourcenverbrauch (z. B. Energie, Wasser, etc.)
- Emissionen
- Abfall[173]

Dabei kann das Vorgehen diesem Zyklus folgen:

---

[171] Vgl. [United Nations Global Compact].
[172] Vgl. [Jakob/von Passavant 2009], S. 149 ff.
[173] Vgl. [Jakob/von Passavant 2009], S. 244 ff.

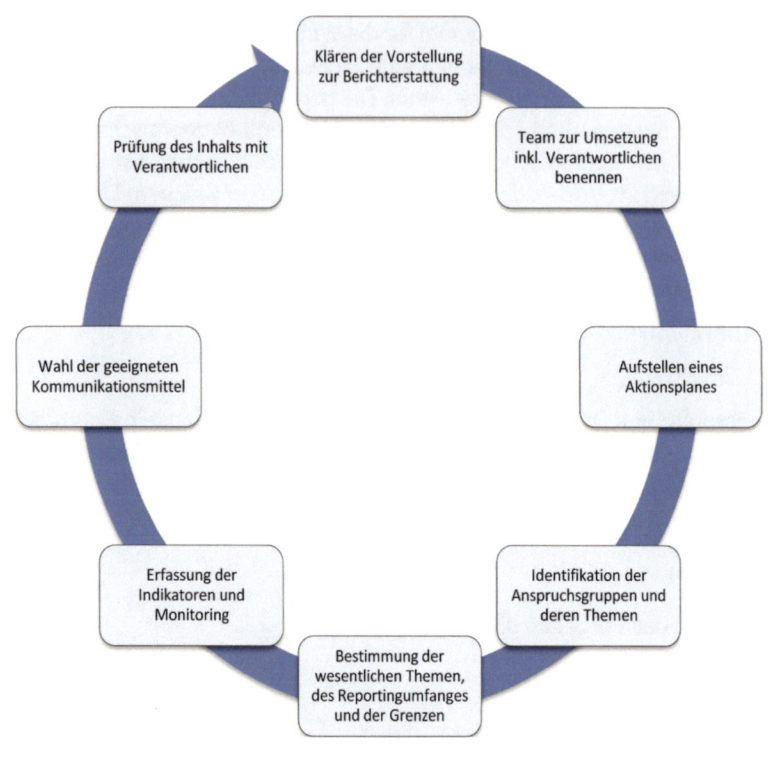

Abbildung 23: Ablauf Einführung Berichterstattung[174]

Neben einem individuellen ökologischen Bericht besteht für ein Unternehmen auch die Möglichkeit, sich wieder an der ISO-Norm auszurichten. In der Literatur wird häufig auch dabei die Bezeichnung Ökobilanz oder im englischem „Life Cycle Assessment" (LCA) verwendet. Während die einfache ökologische Berichterstattung vielerlei Ausprägungen aufweist, gibt die Norm ISO 14040 eine klare Ausprägung vor: Der gesamte Lebensweg eines Produktes bzw. eines gesamten Produktsystems wird analysiert – ausgehend von der Gewinnung der Inputfaktoren über die eigentliche Erstellung und den Gebrauch des Produktes hin zur letztendlichen Entsorgung. Dieser Ansatz ist innovativ, da vormals nur einzelne Abschnitte und nicht das Gesamtsystem betrachtet wurden. Während in anderen Ansätzen je nach Zugrundelegung der Berechnungsmethodik andere Ergebnisse ermittelt werden kön-

---

[174] In Anlehnung an: [Jakob/von Passavant 2009], S. 150.

nen, vermeidet dies die verbindliche ISO-Norm. Durch das Definieren einer einheitlichen Systematik kann eine vergleichbare Ökobilanz erstellt werden. Oben aufgezeigte Graphik kann im Hinblick auf eine Ökobilanz noch etwas genauer spezifiziert werden:[175]

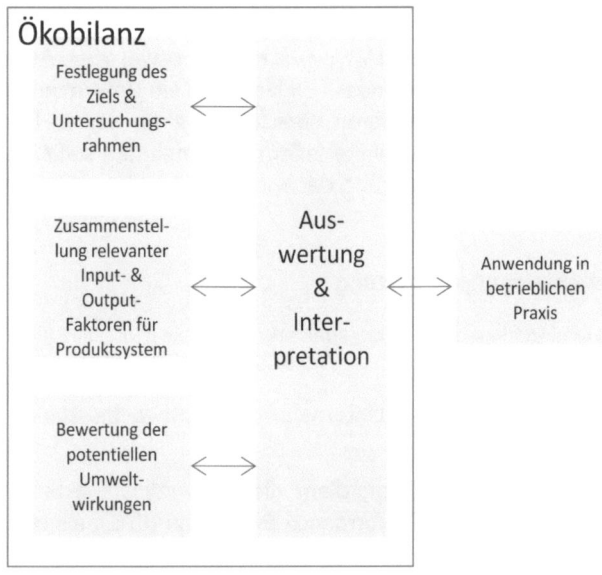

Abbildung 24: Ökobilanz und Anwendung[176]

Ökobilanzen sind nicht nur ein Instrument, um im individuellen Marketing-Mix bei den Konsumenten zu punkten. Vielmehr dient es auch als internes Instrument, um Innovationen oder Prozessverbesserungen innerhalb des eigenen Unternehmens zu erkennen und damit gezielt die Kostenoptimierung zu fördern und Schwachstellen zu reduzieren. Auch kann eine Ökobilanz genutzt werden, um interne und externe Adressaten bei wichtigen Entscheidungen zu unterstützen, indem Informationen in einem entsprechenden Format aufgearbeitet werden. Mit Hilfe der Ökobilanz lässt sich darüber hinaus das Setzen von umweltpolitischen Impulsen und das Ableiten von wichtigen Indikatoren für andere Bereiche schaffen. Ökobilanzen sind heute in der Literatur ein oft beschriebenes Phänomen. Ihre Entwicklung und Verbreitung hat in den letzten 20 Jahren stark zugenommen. Im Umweltbereich

---

[175] Vgl. [Klüppel 2006], S. 32 ff.
[176] In Anlehnung an: [Klüppel 2006], S. 33 f.

spielen sie eine enorm wichtige Rolle zur externen Kommunikation von Umweltprogrammen. Im Zuge der Forderung nach nachhaltiger Entwicklung findet eine Integration von ökonomischen und sozialen Faktoren in die bisherigen Ökobilanzen statt. Eine Ökobilanz bzw. eine ökologische Berichterstattung kann für ein Unternehmen eine sehr einfache und strukturierte Möglichkeit darstellen, den gewählten Adressatenkreis mit allen notwendigen Informationen über seine Umweltaktivitäten sowie seine Auswirkungen auf die Umwelt zu versorgen und aufzuklären. Ob ein Unternehmen der ISO-Norm folgt oder sich aus anderen Vorschlägen einen seinen Bedürfnissen angepassten Bericht kreiert, bleibt jedem Unternehmen selbst überlassen. Eine Integration und Aufbereitung der anderen, oben beschriebenen Instrumente ist es in jedem Fall.[177]

4.1.5 Umweltleistungsbewertung

„Exzellentes Management lässt sich nur erreichen, wenn man permanent Resultate misst."
Klaus Zumwinkel (*1943), Unternehmensberater

Als ein weiteres Tool kann ein Unternehmen die Umweltleistungsbewertung für sich nutzen.

Wie der Name bereits aussagt, dient die Umweltleistungsbewertung, im englischen Environmental Performance Evaluation (EPE), als Informationsmittel zur Bewertung der Umweltleistung. Sie ist ein internes Managementwerkzeug zur objektiven Bewertung der Zielerreichung und existiert neben den oben bereits genannten Tools. Grundsätzlich sollen damit die Umweltaspekte in einer Organisation mit Hilfe von Kennzahlen messbar gemacht werden. Zentrale Normen hierzu sind DIN ISO EN 14031 und DIN ISO EN 14032.[178] Bei der Anwendung ist wieder vom oben bereits beschriebenen PDCA-Zyklus auszugehen:

---

[177] Vgl. [Klüppel 2006], S. 32 ff.
[178] Vgl. [Klüppel 2006], S. 35 ff.; [Bushi 2004], S. 14 f.

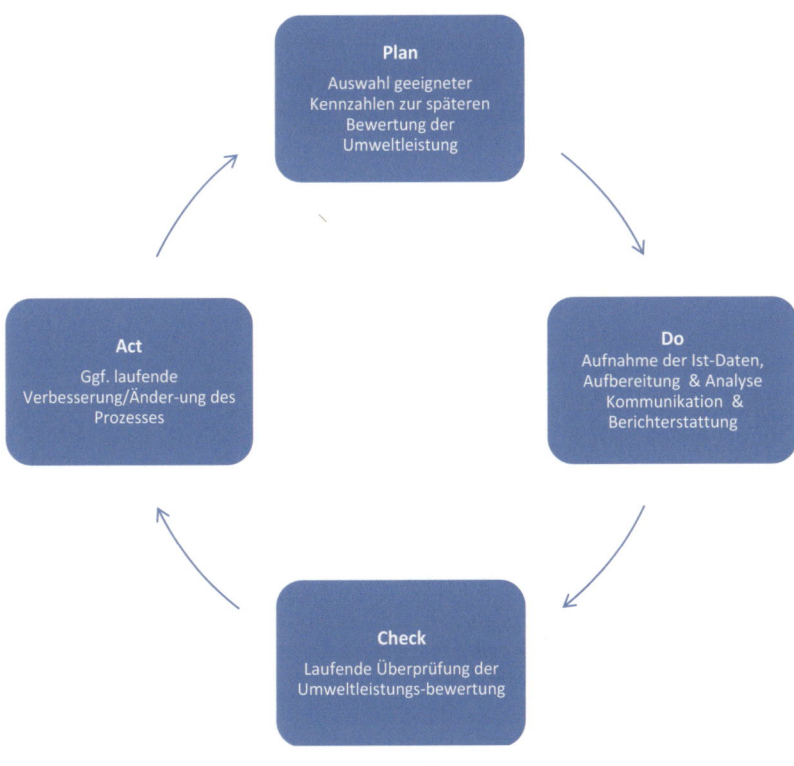

Abbildung 25: PCDA-Zyklus für Umweltleistungsbewertung[179]

Vorteil der Umweltleistungsbewertung ist die Anwendbarkeit als singuläres Managementtool oder in Kombination mit anderen Controlling-Instrumenten. Damit kann eine Umweltleistungsbewertung ähnlich wie eine Balance Score Card fungieren, um in Unternehmen mit bereits etablierten Umweltmanagement-Systemen die Umweltpolitik oder allgemeine umweltrelevante Ziele abzubilden. Oder, ohne ein etabliertes Umweltmanagementsystem, hilft die Umweltleistungsbewertung Fragen nach relevanten Umweltaspekten, deren mögliche Auswirkungen, Messung und der eigentlichen Umweltleistung zu beantworten. In der Umweltleistungsbewertung verwendete Kennzahlen lassen sich in Umweltzustandsindikatoren und Umweltleistungskennzahlen unterscheiden. Umweltzustandsindikatoren geben der Organisation Auskunft über den aktuellen Zustand der Umwelt. Dagegen wer-

---

[179] In Anlehnung an: [Klüppel 2006], S. 36.

den Umweltleistungskennzahlen weiter differenziert in operative Leistungskennzahlen, also Kennzahlen aus dem Tagesgeschäft und Managementleistungskennzahlen, also Kennzahlen resultierend aus den Aktivitäten des Managements. Dies soll an einem Beispiel zur Bewertung von Kennzahlen zur Wassereinsparung illustriert werden:

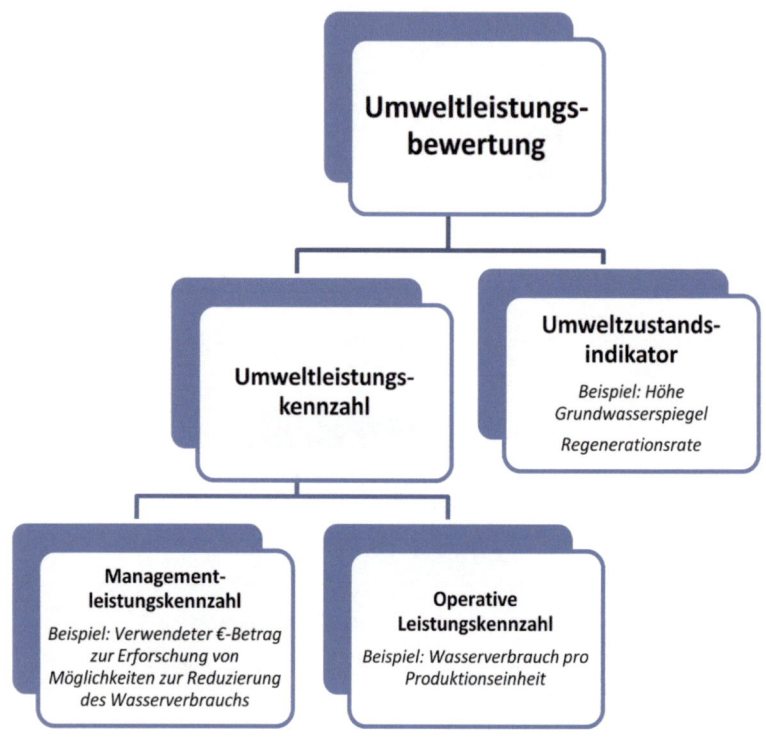

Abbildung 26: Differenzierung der Umweltleistungsbewertung an einem Beispiel[180]

Berücksichtigung können Umweltaspekte finden wie der Ressourcenverbrauch (z. B. Strom, Wasser, etc.), der Materialeinsatz (z. B. Holz, Stahl, etc.) oder die Generierung von Abfällen (z. B. Abwasser, Restmüll, etc.). Als Umweltleistungskriterium können dann Kennzahlen generiert werden, die je nach Zielrichtung die Erhöhung oder die Reduzierung eines Faktors vorgeben.[181]

---

[180] In Anlehnung an: [Klüppel 2006], S. 36 ff.
[181] Vgl. [Klüppel 2006], S. 35 ff.

4.1.6 Umweltaspekte in der Entwicklung

> „Wir lassen in unserem Unternehmen vieles von einem roten und einem blauen Team entwickeln. Diese beiden Teams präsentieren unabhängig voneinander ihre Ideen und Entwürfe. Danach entscheiden wir, welche die beste Lösung ist. Oft ist es eine Kombination aus beiden Vorschlägen."
>
> *Jürgen Schrempp (*1944), Manager*

Die Entwicklung ist der Grundstein eines jeden Produktes. Hier wird das zukünftige Output durchdacht und optimiert.

Da jedes Produkt nicht nur in der Produktion Einfluss auf die Umwelt nimmt, sondern häufig verstärkt während des gesamten Lebenszyklus und bei der Entsorgung, fordert der DIN-Fachbericht ISO/TR 14062 eine möglichst frühzeitige Integration und Analyse der Umweltaspekte für ein Produkt. Durch eine Berücksichtigung von Umweltaspekten in einem sehr frühen Produktstadium, im Wesentlichen in der Entwicklung, können negative Umweltaspekte in der späteren Produktion besser erkannt und mit geringeren Kosten vermieden werden. Auch kann bei einer genauen Analyse im Vorfeld eine möglichst optimale Ressourcennutzung eingeplant werden. Da der Kunde von Unternehmen ein möglichst effizientes Produkt über alle Lebenszyklen hinweg erwartet, kommt das Unternehmen der Kundenerwartung entgegen. Die Beschäftigten werden zu einer vorausschauenden Arbeitsweise motiviert. Das zu erstellende Produkt wird aus unterschiedlichen Blickwinkeln betrachtet und damit besser intern verstanden. Letztendlich ergibt sich insgesamt eine Möglichkeit zur Verbesserung der internen und externen Kommunikation. Somit ergeben sich für den Anwender nicht nur ökologische Vorteile sondern vielmehr ökonomische: Hohe Kosten durch später notwendige Korrekturmaßnahmen können vermieden werden.

Mit der Entwicklung von neuen Produkten oder Produktdesigns wird die zukünftige Strategie des Unternehmens sichtbar. Somit fließen in der Entwicklungsabteilung alle Überlegungen seitens der zukünftigen Ausrichtung des Unternehmens, der Managementphilosophie und der produkt- und portfoliobezogenen Überlegungen zusammen:

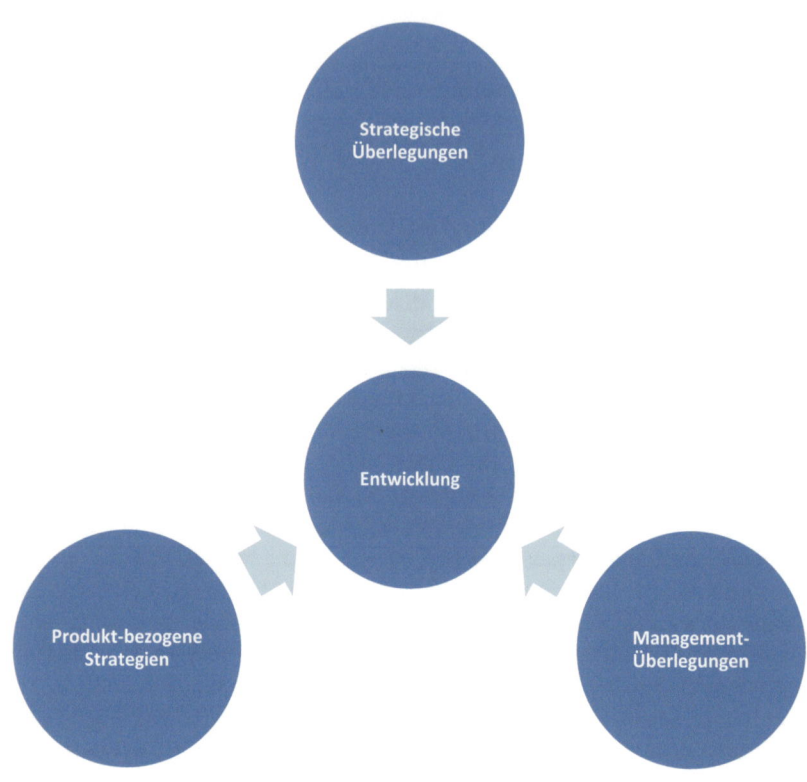

Abbildung 27: Einflüsse auf die Entwicklung[182]

Wenn ein Unternehmen durchgängig und langfristig ökologische Faktoren berücksichtigen will, ist eine frühzeitige Berücksichtigung von Umweltaspekten bereits in der Entwicklung essentiell.[183]

---

[182] In Anlehnung an: [Klüppel 2006], S. 37 ff.
[183] Vgl. [Klüppel 2006], S. 37 ff.

4.1.7 Umweltkommunikation

> „Kommunikation ist die Antwort auf Komplexität."
>
> *Markus Miller (*1973), Geschäftsführer*

Wie bei der Ökobilanz gilt, dass nur Informationen, welche der Öffentlichkeit bereitgestellt werden, die gewünschte Wirkung erzielen können. Hierzu ist Umweltkommunikation erforderlich.

Umweltkommunikation ist eine geeignete Möglichkeit allen daran Interessierten Informationen bereitzustellen, sowie dadurch in einen Dialog mit ihnen zu treten. Damit erlangt das Unternehmen Kenntnis von den externen Erwartungen, welche an das Unternehmen herangetragen werden und kann dementsprechend reagieren. Eine Umweltkommunikation ist in erster Linie abhängig von der im Unternehmen verfolgten Umweltpolitik. Sie hat direkten Einfluss auf die Art und Weise der Umweltkommunikationspolitik. Abhängig von den mit der Kommunikation verfolgten Zielen, der Adressaten – in der Regel die Stakeholder des Unternehmens und Umfang der zur Verfügung stehenden Ressourcen im Unternehmen wird die Umweltkommunikationsstrategie festgelegt, bevor es zu den eigentlichen Kommunikationsaktivitäten abhängig von der Zielgruppe kommt. Jedoch bedingen sich die unterschiedlichen Bereiche Politik, Strategie und Aktivitäten. Der Kommunikationsprozess erhält außerdem von außen Einflüsse, nämlich von interessierten Kreisen und von gültigen Kommunikationsprinzipien. Graphisch stellt es sich folgendermaßen dar:

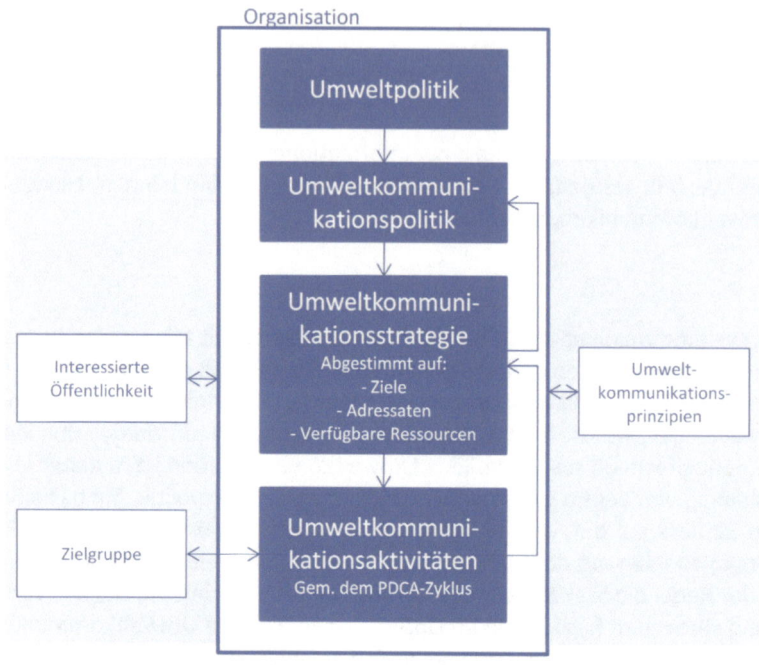

Abbildung 28: Einflussfaktoren auf die Umweltkommunikation[184]

Je nach Branche und Ressourcenverfügbarkeit kann das Unternehmen die Umweltkommunikation in bestehende Kommunikationsprozesse integrieren. Beispielsweise kann eine Internetpräsenz um den Bereich Umwelt erweitert werden. Oder das Unternehmen erstellt einen umfangreichen Umwelt- oder Nachhaltigkeitsbericht. Auch Teilnahmen an öffentlichen Diskussionen, Befragungen oder Kooperationsprojekten fallen in diesen Bereich.[185]

Unabhängig von anderen im Unternehmen etablierten Tools kann die Umweltkommunikation in den Unternehmensprozessen eingebracht werden. Kann oder möchte ein Unternehmen nicht alle ökologischen Faktoren in den Unternehmensprozess einbeziehen, eignet sich die Kommunikation nichtsdestotrotz dafür, gezielt die Öffentlichkeit über das bestehende Umweltengagement zu informieren. Verwechselt werden darf Umweltkommunikation jedoch nicht mit geschickter PR, welche das Unternehmen in ein „grünes"

---

[184] In Anlehnung an: [Klüppel 2006], S. 40 ff.
[185] Vgl. [Klüppel 2006], S. 40 ff.

Licht rückt, obwohl keinerlei Umweltaktivitäten im Unternehmen durchgeführt werden.

4.1.8 Zusammenfassung Normenreihe ISO 14000

Ein ISO-Standard garantiert einem Unternehmen eine hohe Qualität der dahinterstehenden Methoden. Sie wurden häufig von einem breiten Expertenkreis aus der Praxis erstellt, was zu einer hohen internationalen Anerkennung führt. Dies macht die Verwendung der DIN ISO Norm insgesamt sehr attraktiv, unabhängig von der Unternehmensgröße. Gegenüberstellungen mit Wettbewerbern oder Vergleichsunternehmen lassen sich bei der einheitlichen Verwendung durchführen. Dies gilt auch für die Verwendung der ISO-Norm zur Etablierung ökologierelevanter Strategien. Sie bieten branchenübergreifend ausgesuchte Handlungsempfehlungen für Unternehmen an, beispielsweise die oben beschriebenen. Aus diesen kann jedes Unternehmen individuell das für sich Notwendige wählen und anwenden. Im Vergleich der Zertifizierungszahlen für das Qualitätsmanagement ISO 9001 und das Umweltmanagement ISO 14001 fällt auf, dass sich 10 Mal mehr Unternehmen für das QM-System zertifizieren lassen. Wird die Zahl der Zertifizierungen aus dem Jahre 2005 jedoch in den Kontext mit der Zeit der Ausarbeitung gesetzt, muss festgestellt werden, dass ISO 9001 eine Vorlaufzeit von 10 Jahren im Vergleich zu Umweltmanagementsystemen hat.[186] Dies zeigt, welches Potential in der Umsetzung von Umweltmanagementsystemen steckt. Während heutzutage QM einen festen Platz in Organisationen hat, werden möglicherweise in Zukunft Umweltmanagement-Ansätze nicht mehr wegzudenken sein. Die oben beschriebenen Faktoren zeigen, dass die Tendenz in den Bereichen Politik und Gesellschaft zu höheren Anforderungen an die Wirtschaft führen. Mit den aktuellen Management-Tools werden sich diese Anforderungen nicht im Unternehmen realisieren lassen. Relevantes Knowhow ist in den wenigsten Firmen verfügbar. Vor allem sich ändernde Normen und sich weiterentwickelnde Instrumente machen es KMUs schwer, sich ständig auf dem aktuellsten Stand zu halten. Dies macht den Bereich der Normreihe so interessant für die Unternehmensberatung.

---

[186] Vgl. [Klüppel 2006], S. 4 ff.

4.2 Allgemeine Umweltmanagementansätze

> „Die meisten Menschen verwenden mehr Zeit und Kraft daran, um Probleme herumzureden, anstatt sie anzupacken."
>
> *Henry Ford (1863-1947), Automobilhersteller*

Da im Unternehmen auch erst die Voraussetzungen beispielsweise in Form eines geeigneten Rechnungswesens zur Ist-Daten-Erfassung geschaffen werden müssen, kann ein Unternehmen auch erst sukzessive umstellen und mit kleinen Schritten beginnen. Auch kann es sein, dass Unternehmer die Anwendung der ISO-Normen als zu kompliziert und überdimensioniert für das eigene Unternehmen empfinden. Um trotzdem der Nachfrage nach Management-Tools begegnen zu können, wird noch eine Auswahl möglicher Instrumente vorgestellt. Diese können individuell mit den oben vorgestellten Systemen kombiniert oder als erste Aktivitäten in einem Unternehmen etabliert werden, unabhängig von einer Norm.

4.2.1 Erweiterte Kosten- und Leistungsrechnung

> „Die Umweltkostenrechnung ist ein zentrales Instrument umweltorientierter Unternehmensführung und auf dem Wege zu nachhaltigen Wirtschaften unverzichtbar."
>
> *Eberhard Seidel (*1936), Professor*

Die klassische Kosten- und Leistungsrechnung ist eines der gängigsten Instrumentarien zur Ermittlung der Wirtschaftlichkeit des betrieblichen Leistungserstellungsprozesses. Mit ihrer Hilfe kann das Unternehmen wichtige Informationen ermitteln, Prognosen ableiten, Vorgaben definieren und deren Einhaltung kontrollieren. Kenngrößen sind dabei die Leistung, also die tatsächlich produzierten Güter, sowie Kosten, also der bewertete Verbrauch von Gütern.[187]

Die klassische Kosten- und Leistungsrechnung bewertet nur den im Unternehmen entstehenden Werteverzehr. Gleichzeitig als Kuppelprodukt des Herstellungsprozesses entstehende Umweltbelastungen finden keinerlei Berücksichtigung, obwohl für die Gemeinschaft insgesamt ein Verzehr der Umwelt in Form von Umweltbelastungen stattfindet. Dieser stellt damit Kosten für die Gesellschaft als Ganzes dar. Diese externen Effekte werden bisher nur als Kosten berücksichtigt, wenn sie in Form von umweltpolitischen Maßnahmen als Geldbetrag abfließen. Der reale Verzehr der Umwelt an sich wird damit meist nicht oder vielmehr noch nicht internalisiert. Somit dürfen im aktuellen Kostenbegriff nicht nur Kosten für Umweltschutzmaßnahmen/-abgaben berücksichtigt werden, sondern er müsste um die Um-

---

[187] Vgl. [Horváth 2009], S. 414 f.

weltkosten, also die Kosten für die verursachte Umweltbelastung, erweitert werden.[188]

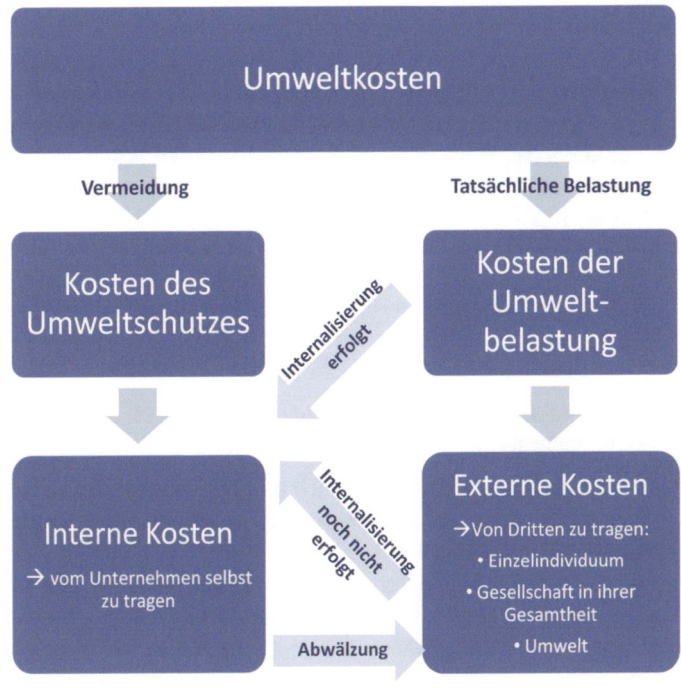

Abbildung 29: Erweiterter Kostenbegriff[189]

Beispielsweise könnte ein Unternehmen sich bei der Bewertung der Kosten der Umweltbelastung am Prinzip der Substanzerhaltung orientieren: Maximal würden alle Kosten zur Herstellung des Urzustandes vor Leistungsherstellung und minimal die Kosten für Vermeidung von Umweltbeeinträchtigungen als Maßstab dienen. Indem ein Unternehmen diese Kosten bewertet und in die Kalkulation mit aufnimmt, erfolgt eine Internalisierung möglicher zukünftiger Belastungen. Dies ist beispielsweise der Fall, wenn diese Kosten

---

[188] Vgl. [Müller 2010], S. 118 ff; [Kramer, Matthias/Brauweiler, Jana/Hellig, Klaus], S. 373 ff.
[189] In Anlehnung an: [Kramer, Matthias/Brauweiler, Jana/Hellig, Klaus], S. 382

tatsächlich durch sich ändernde Gesetzgebung ein zwingend zu berücksichtigender Kostenfaktor werden.[190]

Wie oben beschrieben scheint die Forderung nach Internalisierung der externen Effekte des unternehmerischen Handelns auf die Umwelt in Politik und Gesellschaft zuzunehmen. Berücksichtigt ein Unternehmen bereits heute diese möglichen zusätzlichen Kosten in einer erweiterten Kosten- und Leistungsrechnung, ist es rasch in der Lage, bei einer erzwungenen Berücksichtigung in Form von tatsächlich zu leistenden Abgaben, konkrete Aussagen über seine Wirtschaftlichkeit und Rentabilität unter diesen neuen Bedingungen zu machen.

4.2.2 Flusskostenrechnung

> „Ob man schwierige Probleme bewältigt, hängt häufig davon ab,
> dass man erkennt, wo die Hebelwirkung am größten ist."
> *Peter M. Senge (*1947), amerik. Wissenschaftler*

Die Flusskostenrechnung ist ein Teilbereich des prozessorientierten Umweltkostenmanagements.

Ein geeignetes Instrument um intern auch den Nutzen von Umweltaktivitäten aufzuzeigen, ist die Flusskostenrechnung. In Anlehnung an die traditionelle Prozesskostenrechnung werden hier ausgehend von den Inputfaktoren bis hin zum Output alle Kosten addiert, welche entlang der innerbetrieblichen Leistungserstellungsprozesse entstehen. Durch eine verursachungsgerechte Zuordnung können die Kostentreiber in den einzelnen Prozessschritten (Mengenstellen) bestimmt werden. Je nach Anwendungsbereich, d. h. innerhalb einer Abteilung, eines Standortes oder einer Region, erhöht sich die Transparenz der ehemaligen Black Box Unternehmen. Ziel ist das Erreichen eines Optimums hinsichtlich der Kosten für die angewendete Einheit. Anstatt einem Prozess Kosten zuzuordnen, erfolgt die Berechnung nun mengenbezogen. Anhand des durch eine Mengenstelle bearbeiteten Mengenflusses werden die Kosten hierfür ermittelt. Die Gesamtkosten ergeben sich aus der Addition der Kosten für die Inputfaktoren (Materialkosten), die Summe der Kosten pro Mengenstelle (Bearbeitungskosten) sowie den Kosten für die Outputfaktoren (Entsorgungskosten).[191] Graphisch veranschaulicht sieht dies folgendermaßen aus:

---

[190] Vgl. [Müller 2010], S. 118 ff; [Kramer, Matthias/Brauweiler, Jana/Hellig, Klaus], S. 373.ff.
[191] Vgl. [Müller 2010], S. 127 ff.

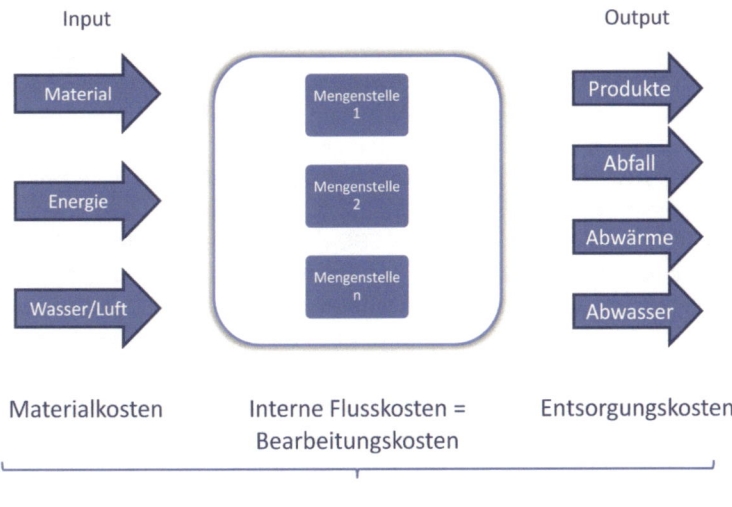

Abbildung 30: Flusskostenmodell[192]

Die daraus ermittelten Kosten können über eine Matrix systematisch aufbereitet werden. Umweltschutzaktivitäten ändern oder vermindern die in den Mengenstellen bearbeiteten und verbrauchten Material- und Energieflüsse und reduzieren die Konsumption von Wasser und Luft. Pro Mengenstelle kann verursachungsgerecht ermittelt werden, wo die Kostentreiber liegen und gleichzeitig mögliche Kostenoptimierungspotentiale ermittelt werden.[193]

4.2.3 Umweltbezogene Balance Scorecard

„Jede Initiative braucht eine konkrete Zahl als Vorgabe."
*Jeffrey R. Immelt (*1956), Manager*

Ein gerne und häufig verwendetes Tool stellt die oben bereits erwähnte Balance Scorecard nach Kaplan und Norton dar.

---

[192] Vgl. [Müller 2010], S. 129.
[193] Vgl. [Müller 2010], S. 129 ff.

Dabei handelt es sich um ein Managementinstrument um den Graben zwischen einer entwickelten und formulierten Unternehmensstrategie und der tatsächlichen Realisierung zu schließen. Vorteil der BSC ist die Erweiterung der rein finanzwirtschaftlich orientierten Sichtweise, welche meist auf der Betrachtung von traditionellen Kennzahlen beruht. Da diese meist nicht ausreicht, kann die Betrachtungsperspektive um beispielsweise die Kunden-, Prozess-, Wissensmanagementsicht vergrößert werden. Je nach Unternehmen können verschiedene Perspektiven eingenommen und individuelle Messgrößen definiert werden. Das BSC-Konzept resultiert im Performance Measurement-System und dient als Strategieinstrument zur Entwicklung und Umsetzung auf allen Hierarchieebenen.[194] Um zu sehen, ob die gewählte Strategie erfolgreich umgesetzt wird, ist es wichtig die Voraussetzungen für den Erfolg, die sogenannten Leistungstreiber, zu kennen. Anhand der verfolgten Strategie werden diese in der BSC in der jeweiligen Perspektive als Messgröße definiert, mit operativen Zielen verknüpft und entsprechende Maßnahmen abgeleitet. Verfolgt ein Unternehmen eine ökologische Strategie empfiehlt es sich, dies auch in der BSC sichtbar und messbar zu machen. Dabei kann eine eigene Perspektive für rein ökologische Gesichtspunkte eröffnet werden oder diese Faktoren werden in die einzelnen bestehenden Perspektiven integriert.[195] Eine mögliche Umwelt-Perspektive ausgehend von der strategischen Vorgabe Vorreiter in Umweltthemen zu sein, könnte folgendermaßen aussehen:

Umwelt			
Ziel	Messgröße	Vorgabe	Aktivität
Marktführerschaft bei grünen Technologien	Marktanteil	Marktanteil bis 2015 um 10 % steigern	- Vertriebsmitarbeiter einstellen - Vertriebsmitarbeiter schulen
Halbieren der Energiekosten	Energiekosten	Stromkosten um 25 % reduzieren	- Austausch Leuchtmittel - Kommunikation an die Mitarbeiter zur Sensibilisierung
Halbieren der Abfallmengen	Abfall in Tonnen	Reduzierung des Ausschussanteiles	- Investitionen in Qualitätsmanagement - Rückführungsquote aus Kreislaufwirtschaft
Wahrnehmung als umweltorientiertes Unternehmen verbessern	Kundenbefragung	Steigerung der Umfragewerte um 15%	- Werbekampagne starten - Befragungen durchführen lassen

Tabelle 2: Beispielhafte Darstellung der Umweltperspektive[196]

---

[194] Vgl. [Horváth 2009], S. 229 ff.
[195] Vgl. [Müller 2010], S. 232 ff.
[196] Eigene Darstellung.

4.3 Möglichkeiten für die Unternehmensberatung

Wie oben beschrieben ist anzunehmen, dass Ökologie in den Unternehmen zukünftig eine wachsende Bedeutung erfährt. Zur Umsetzung der vorher beschriebenen Management-Instrumente fehlt es gerade in kleineren und mittleren Unternehmen häufig am relevanten Know-how, um geeignete Maßnahmen durchzuführen. Ist Fachkompetenz auf der anderen Seite in einem ausreichenden Maß vorhanden, mangelt es dann in vielen Fällen am Vorhandensein von Zeit und Geld. Mitarbeiter sind durch das Alltagsgeschäft gebunden und verfügen nicht über genügend Kapazität um Sonderthemen zu bearbeiten. Neue, qualifizierte Mitarbeiter langfristig einzustellen, bildet für viele Unternehmen eine zu große Hürde. Aus diesen Gründen ergibt sich hier ein noch verhältnismäßig neues Feld in der Beratung. Unternehmen können aus dem Portfolio der Unternehmensberatung genau die Module nachfragen, welche für ihr Unternehmen und ihre Umweltstrategie relevant sind. Der Berater auf der anderen Seite kann sich auf Umweltthemen fokussieren und verbunden mit entsprechender Fachkompetenz bei Projektmanagement und Prozessgestaltung dieses Know-how in die verschiedenen Unternehmen einbringen. Dass ein Berater sein Handwerkszeug, wie beispielsweise Analysefähigkeit, Prozessorientierung, betriebswirtschaftliches Know-how, etc., beherrscht, wird an dieser Stelle vorausgesetzt.

1. Expertise

Die beschriebenen Management-Methoden sind verhältnismäßig neu und damit in der Praxis nicht sehr weit verbreitet. Somit ist das Wissen um die neuen Tools in der Praxis noch verhältnismäßig gering im Vergleich zu bereits seit Jahrzehnten bestehenden Instrumenten wie der Kosten- und Leistungsrechnung. Deshalb ist der wichtigste Kundennutzen die hohe Fachkenntnis eines Beraters. Ein Unternehmen kann sich damit die Expertise zur Umsetzung seiner Go Green-Strategie direkt einkaufen. Je nach angestrebtem Ziel wird eine komplette Strategieberatung durch den Berater erbracht oder nur einzelne Teilmodule implementiert. Erstellt ein Unternehmen beispielsweise bereits eine Ökobilanz, wurde aber in diesem Bereich noch nicht zertifiziert, kann ein Unternehmensberater durch verschiedene Testaudits die Prozesse überprüfen, Schwachstellen identifizieren und Korrekturmaßnahmen empfehlen. Damit wird gewährleistet, dass das notwendige Fachwissen zur richtigen Zeit am richtigen Ort ist. Fehler in der Umsetzung durch mangelnde Fachkenntnisse der beteiligten Personen können damit zum Teil vermieden, in jedem Fall aber reduziert werden. Beispielsweise kann eine ökologische Beratung mit einer Strategiedefinition in einem Betrieb verknüpft werden. Aus der Strategie und der Vision des Unternehmens lassen sich mögliche Kennzahlen ableiten, welche in einer Balance Scorecard abgebildet werden können.

2. Best Practice

Um Umwege bei der Implementierung zu vermeiden und die Effizienz zu erhöhen, ist auch die Erfahrung eines externen Beraters von großem Nutzen für ein Unternehmen. Der Berater kann aufgrund seiner Praxiserfahrung neben fachlichen Hinweisen Hilfestellung bei der Umsetzung geben. Diese basiert auf seinen bereits getätigten Beratungsprojekten. Somit entfällt das „learning by doing" im eigenen Unternehmen, Fehler werden vermieden und die angestrebte Umweltstrategie schneller umgesetzt. Hinzu kommt die Aktualität des Beraters. Er befasst sich durch seine praktische Arbeit ständig mit der Materie, erkennt sich ändernde Marktbedingungen und kann diese Erfahrungen zusätzlich mit einbringen.

3. Optimierung des Betriebsablaufes

Ziel des Unternehmens sollte es immer sein Bewährtes durch Neues zu ergänzen. Um sich hier nicht durch Betriebsblindheit zu verschließen, kann ein Externer die bestehenden Betriebsabläufe analysieren, objektiv bewerten und Neuerungen initiieren. Gleichzeitig können bestehende Prozesse durch neue Aspekte ergänzt werden. Beispielsweise kann ein bestehendes QM-System mit einem Umweltmanagementsystem verknüpft werden um die vorhandenen internen Strukturen zu nutzen und damit Synergien zu schaffen.

4. Keine Störung des Betriebsablaufes

Durch den Einsatz von externen Beratern wird das Alltagsgeschäft weniger stark beeinträchtigt. Möchte das Management eine Umweltstrategie selbst erarbeiten und implementieren, müssen Mitarbeiter dafür freigestellt werden. Es ist davon auszugehen, dass der freigestellte Mitarbeiter seine sonstigen Aufgaben vernachlässigt oder er nicht die notwendige Zeit für das neue Thema durch die Doppelbelastung aufbringen kann. Der Betriebsablauf würde dadurch gestört, da das Tagesgeschäft nicht mehr in der üblichen Zeit abgearbeitet werden kann. Ein Berater würde zwar bei seiner Tätigkeit auch auf die Unterstützung der Mitarbeiter angewiesen sein, doch die Arbeitslast würde nur zu geringen Teilen bei den Mitarbeitern liegen. Der weit größere und arbeitsintensivere Anteil liegt beim Berater. Die Belastung der Belegschaft würde dadurch reduziert.

5. Überschaubare Kosten

Durch den Einsatz von Beratern spart der Unternehmer die Einstellung eines neuen Mitarbeiters ein. Langfristige Verpflichtungen entstehen dadurch, da ein Mitarbeiter nicht nach erfolgreichem Abschluss der Arbeiten wieder freigesetzt werden kann. Die Flexibilität für den Unternehmer geht verloren. Im Beratungsverhältnis sind Art, Umfang, Inhalt und Dauer der Beratung in der Regel spezifiziert. Der Berater kann durch seine Erfahrung eine Schätzung abgeben. Für den Unternehmer ist dies damit eine kalkulierbare Kostenposition. Der Einsatz kann durch den Unternehmer flexibel gestaltet werden. Wie oben beschrieben verfügt der Berater über spezifisches Know-how. Damit erfolgt die Implementierung der gewünschten Module (Umweltmanagement-System, Audit, Etablierung der Flusskostenrechnung, etc.) in einer wesentlich kürzeren Zeit, als dies intern möglich wäre. So können die Kosten weiter reduziert werden, da die Umsetzung wesentlich effizienter möglich ist.

6. Marktpotentiale

Im Vergleich der Zertifizierungszahlen für das Qualitätsmanagement ISO 9001 und das Umweltmanagement ISO 14001 fällt auf, dass sich 10 Mal mehr Unternehmen für das QM-System zertifizieren lassen. Wird die Zahl der Zertifizierungen aus dem Jahre 2005 jedoch in den Kontext mit der Zeit der Ausarbeitung gesetzt, muss festgestellt werden, dass ISO 9001 eine Vorlaufzeit von 10 Jahren im Vergleich zu Umweltmanagementsystemen hat.[197] Dies zeigt, welches Potential in der Umsetzung von Umweltmanagementsystemen steckt. Während heutzutage QM einen festen Platz in Organisationen hat, werden möglicherweise in Zukunft Umweltmanagement-Ansätze nicht mehr wegzudenken sein. Die oben beschriebenen Faktoren zeigen, dass die Tendenz in den Bereichen Politik und Gesellschaft zu höheren Anforderungen an die Wirtschaft führen. Mit den aktuellen Management-Tools werden sich diese Anforderungen nicht im Unternehmen realisieren lassen. Relevantes Know-how ist in den wenigsten Firmen verfügbar. Vor allem sich ändernde Normen und weiterentwickelnde Instrumente machen es KMUs schwer, sich ständig auf dem aktuellsten Stand zu halten. Dies macht den Bereich der Normreihe so interessant für die Unternehmensberatung.

---

[197] Vgl. [Umweltmanagement in KMU], S. 4 ff.

4.4 Zusammenfassung

> „Umweltschutz ist eine Chance und keine Last, die wir tragen müssen."
> Helmut Sihler (*1930), Manager

Die oben dargestellten Instrumente beinhalten eine Auswahl der Möglichkeiten für die Unternehmensberatung, zum Teil an bereits in der Praxis angelehnte Methoden. Es gibt noch eine Fülle an weiteren Tätigkeitsfeldern, in welcher Unternehmensberater aktiv werden können: Beratung zur Optimierung der IT-Landschaft, Beratung hinsichtlich Steigerung der Energieeffizienz, Implementierung von intelligenter Gebäudetechnik, Unterstützung bei Produktentwicklungen, etc. Derartige Beratungsprojekte fordern neben einer guten Fachkompetenz auch spezifisches Know-how in den jeweiligen Bereich wie der Informationstechnologie, des Baugewerbes, der Energieerzeugung und des Energieverbrauches oder anderer Branchen. Die hier diskutierten Ansätze schließen diese Teilbereiche nicht aus. Vielmehr können sie an der einen oder anderen Stelle der Erfolgsfaktor für die wirksame Umsetzung von Umweltmaßnahmen im Unternehmen sein. Hier sollten jedoch Spezialisten aus der jeweiligen Branche mit entsprechender Expertise gewählt werden. Da ein Großteil der Aktivitäten in der Unternehmensberatung auf die Einführung von Managementwerkzeugen ausgerichtet ist, sind hierzu mögliche Ansätze vorgestellt worden. Diese basieren weniger auf Optimierung an einzelnen Stellen im Unternehmen, sondern haben mehr das Unternehmen in seiner Gesamtheit im Fokus. Nicht ein Teilaspekt soll realisiert werden, sondern Umweltschutz soll von der Führung bis zum einzelnen Mitarbeiter herunter gebrochen, erfahr- und umsetzbar gemacht werden.

Wie oben beschrieben werden Umweltmaßnahmen zunehmend an Bedeutung gewinnen. Will ein Unternehmen langfristig erfolgreich sein, braucht es in diesem Bereich zumindest kurzfristig verstärkt Hilfe von außen. Weder interne Kapazitäten noch vorhandenes Know-how decken sehr wahrscheinlich die sich ändernden Anforderungen ab. Unternehmensberater können an dieser Stelle durch einen frühzeitigen Aufbau ökologisch-relevanter Kompetenz diesen Unternehmen als Unterstützung zur Seite stehen. Greift ein Berater den Themenkomplex Umwelt bereits heute auf, wird es sich in diesem Teilbereich der Unternehmensberatung zukünftig durch entsprechende Erfahrung etablieren und das bestehende Beratungs-Portfolio so sinnvoll erweitern können. Da der Markt noch relativ jung ist, kann heute bereits ein entscheidender Marktanteil gesichert und die Reputation des Beratungsinstituts insgesamt gesteigert werden. Große Unternehmensberatungen wie Roland Berger haben diesen neuen Zeitgeist bereits erkannt und das Thema Umwelt in verschiedenen Publikationen, beispielsweise in ihrem

Kundenmagazin oder dem Green Tech Atlas, aufgegriffen.[198] Dies zeigt, dass eine Ökologisierung auch auf die Beratungsbranche, wie auch auf alle Branchen, bedingt durch die oben beschriebenen Einflussfaktoren, zukommen wird. Um hier nicht einen entscheidenden Trend zu verpassen, sollten sich auch die Beratungsinstitute heute schon mit diesem Thema auseinander- und es vor allem in ihrem Beratungsportfolio umsetzen.

---

[198] Vgl. [Roland Berger 2009]; [Roland Berger 2010].

5. Abschließende Gedanken

„Zuerst fühlen die Menschen das Notwendige, dann achten sie auf das Nützliche, darauf bedenken sie das Bequeme, weiter erfreuen sie sich am Gefälligen, später verdirbt sie der Luxus und zuletzt werden sie toll und vernichten ihr Erbe."
Giambattista Vico (1688-1744), ital. Philosoph

Umwelt war bis vor kurzer Zeit eine schier unerschöpfliche Ressource, die jedermann ohne Kosten zur Verfügung stand. Mit zunehmender Industrialisierung zeigten sich nach und nach die Auswirkungen des wirtschaftlichen Handels. Die Aktivitäten der früheren Generationen gehen zu Lasten der späteren Generationen. Hier tritt das Phänomen sehr stark auf, dass der Mensch zukünftige Erträge diskontiert. Je später der Zeitpunkt und je größer der heutige Vorteil ist, desto stärker wird abgezinst. Somit stehen das Individuum und die gesamte Gesellschaft vor dem Problem, ob sie heute einen Aufwand zu Gunsten eines späteren Zeitpunkt auf sich nehmen, ohne zu wissen, ob sie jemals von dem zukünftigen Ertrag profitieren werden. Hinsichtlich dem Beispiel Umwelt stellt sich die Frage, ob heute Kosten und Anstrengungen für den Erhalt der Umwelt zu Gunsten der nächsten Generationen auf sich zu nehmen sind, wenn nicht sichergestellt ist, ob diese Investition tatsächlich einen zukünftigen Nutzen erbringt. Auch steht dies im Widerspruch zu den ökonomischen Zielen einer Unternehmung, welche häufig nur auf Gewinnmaximierung ausgerichtet ist. Einfach ist dies am Beispiel des Fischers zu illustrieren: Einem Fischer ist zwar klar, dass er von jeder Einheit zusätzlichem Fisch kurzfristig in Form von höheren Erträgen profitiert. Sein Verzicht zum heutigen Tag würde den anderen Fischern als Gemeinschaft zu Gute kommen. Gesetzt dem Fall, diese würden ebenfalls auf überhöhte Fangzahlen verzichten, wäre der Fischbestand langfristig gesichert. In der Praxis findet dies jedoch auf Grund der Gewinnmaximierungsabsicht des Einzelnen nicht statt. Der Fischbestand schrumpft und stirbt letztendlich aus.[199]

Grundsätzlich ist das oberste Ziel eines jeden Unternehmen erfolgreich zu arbeiten. Erfolg lässt sich in viele Kriterien aufteilen. Unbestritten ist jedoch, dass ein Unternehmen für die Beteiligten einen auskömmlichen Lebensunterhalt erwirtschaften muss. Wie hoch dieser ist und welche weiteren Randbedingungen zu erfüllen sind, hängt vom Unternehmen ab. Umweltschutz in Verbindung mit Nachhaltigkeit wird wie oben beschrieben für die nächsten Jahre ein entscheidender Faktor sein. Heute mag Umweltschutz für manche noch Luxus sein. Doch könnte er bald den Status „Nützlich" oder vielmehr „Notwendig" erreichen. Langfristig sollte es für Organisationen

---

[199] Siehe [Endres 2007], S. 314 ff.

immer Ziel sein, die gesetzlichen Anforderungen nicht nur halbherzig zu erfüllen, sondern sich daraus einen konkreten Wettbewerbsvorteil aufzubauen und damit eine proaktive Strategie im Unternehmen umzusetzen. Mit Blick auf die Erfolgsgeschichte von QM-Systemen lässt sich sagen, dass ein Unternehmen mit einer sinnvollen Integration von Umweltthemen in existierende Vorgänge eines Unternehmens einen Zugewinn verzeichnen kann. Dieser stärkt die Position des Unternehmens, seiner Mitarbeiter und letztendlich seiner Produkte am Markt. Es muss allen klar sein, dass die verwendeten Ressourcen erschöpflich sind. Nur wer heute schon an morgen denkt, kann mit den sich ändernden Rahmenbedingungen besser umgehen und ist in Zukunft weiterhin wettbewerbsfähig. Nur wenn alle Player, also Gesellschaft, Politik und Wirtschaft gemeinsam agieren, können die aus Klimawandel, Ressourcenknappheit und Umweltbelastung resultierenden Probleme angegangen werden. Umweltbeeinträchtigung ist ebenfalls einer starken Globalisierung unterworfen. Im Zuge der Corporate Social Responsibility-Bewegung (CSR) wird Umwelt möglicherweise darin aufgehen, oder Umweltaspekte behaupten ihren Teilbereich beim Thema Nachhaltigkeit. Ob Ökologie eine wachsende Position erhält oder ob es mit gesellschaftlichen Aspekten gleichgestellt wird, ist dabei nicht ausschlaggebend. In jedem Fall werden Ökologie und die zugehörige „Go Green"-Strategie in Zukunft durch die oben beschriebenen Rahmenbedingungen und den anhaltenden Trend hin zu einem ökologischen Gewissen ein relevanter Faktor für den Unternehmenserfolg sein.

Für die Unternehmensberatung erschließen sich durch diesen Trend, wie für andere Branchen auch, neue Chancen und Märkte. Heute werden zwar bereits an Hochschulen Inhalte zu Umweltmanagementsystemen vermittelt. Bis diese jedoch im oberen Management ankommen, kann wertvolle Zeit vergehen. Deshalb empfiehlt es sich für Führungskräfte das spezifische Know-how individuell und bedarfsgerecht bei Unternehmensberatungen einzukaufen. Mit der notwendigen Fachkompetenz sind hier völlig neue Wege offen. Viele Probleme sind noch ungelöst. Dies anzugehen und nach neuen Lösungsmöglichkeiten zu suchen, ist ein interessantes und herausforderndes Umfeld für die Beratung. Da dieser Bereich bisher in seiner kompletten Bandbreite noch wenig ausgeschöpft ist, bestehen noch gute Möglichkeiten zu einer frühzeitigen Positionierung.

Abschließend ist zu sagen, dass ein Unternehmen unabhängig von der Branche in Zukunft nur überlebensfähig ist, wenn es den Balanceakt schafft, die verschiedenen Anforderungen der Gesellschaft und die Vorgaben der Politik mit seinen ökonomischen Zielen zu vereinen. Auch wenn Kritiker die Notwendigkeit von Umweltschutz anzweifeln und die Auswirkungen des menschlichen Handelns als nicht gravierend darstellen: Klimawandel, Ressourcenknappheit und Umweltzerstörung sind aktuelle Themen. Wie heute damit umgegangen wird, wird die Lebensweise der zukünftigen Generationen und letztendlich den langfristigen Handlungsspielraum für Unternehmen bestimmen. In einer globalen Welt in welcher Umweltauswirkungen nicht lokal begrenzt bleiben, muss auch global gehandelt werden. Dies gilt auch für Unternehmen und ihre Verantwortung für ihr unternehmerisches Handeln. Ansonsten könnte es mit dem Gemeinschaftsgut Umwelt ausgehen, wie mit der Weide in der Parabel „Die Tragik der Allmende":

> „Die Parabel beschreibt das Schicksal einer Viehzüchterpopulation, die in einem Wüstengebiet an einer Oase lebt. Der Weidegrund, der von den Viehzüchtern genutzt wird („Allmende"; die Tiere hingegen sind Eigentum der einzelnen Züchter), garantiert der Population einen bescheidenen, aber ausreichenden Lebensunterhalt. Um ihren Wohlstand, vielleicht auch ihre Macht zu vermehren, beginnen einige Viehzüchter damit, die Herden zu vergrößern: die zusätzlichen Tiere weiden ebenfalls auch auf der Allmende. Die Vergrößerung der Herde schafft für den einzelnen Viehzüchter einen individuellen Vorteil. Für die Gesamtheit der Population stellt es aber einen Nachteil dar, weil die erosionsanfällige, nicht vergrößerbare Weide an Qualität verliert. Im Nutzenkalkül des Viehzüchters überwiegt der individuelle Vorteil die Beeinträchtigung, die er dadurch erleidet, dass ein Teil der von ihm verursachten Schäden (Verschlechterung der Weide, Verknappung von Wasser) auf ihn zurückfällt. Aus diesem Grund wird im Rahmen eines selbstzerstörerischen Prozesses der Viehbestand soweit vergrößert, bis die Weide zerstört ist bzw. die Brunnen versiegt sind: Die Population verhungert bzw. sie muss neue Weidegründe suchen (Migration, Gewaltanwendung als mögliche Folgen)."[200]

---

[200] Siehe: [Jänicke/Kunig/Stitzel 2003], S. 304.

6. Literaturverzeichnis

Bücher

BRAUN, Boris: Unternehmen zwischen ökologischen und ökonomischen Zielen – Konzepte, Akteure und Chancen des industriellen Umweltmanagements aus wirtschaftsgeographischer Sicht – Band 25. 1. Auflage. Münster: Lit Verlag, 2003

BRÜHL, Rolf: *Controlling: Grundlagen des Erfolgscontrollings.* München: Oldenbourg, 2004

Der Brockhaus in drei Bänden: Band 2 GO-PAH 4. Auflage. Leipzig: F.A. Brockhaus GmbH, 2006

BUNDESMINISTERIUM und UMWELTBUNDESAMT (Hrsg.): *Handbuch Umweltcontrolling,* 2. Auflage. München: Verlag Franz Vahlen, 2001

BUSHI, Lindita: Dynamische Ökobilanz nach ISO 14040ff. für eine umweltökonomische Bewertung von Produkten auf Basis der Fuzzy-Set-Theorie; in Berichte aus dem Lehrstuhl Qualitätsmanagement und Fertigungsmesstechnik Friedrich-Alexander-Universität Erlangen-Nürnberg, herausgegeben von Prof. Dr.-Ing. A. Weckenmann, Band 10. Aachen: Shaker Verlag, 2004

CORSTEN, Hans: *Grundlagen der Wettbewerbsstrategien.* Stuttgart, Leipzig: Teubner Studienbücher Wirtschaftswissenschaften, 1998

ECKERSLEY, Robyn (Hrsg.): *Markets, the state and the environment: Towards integration.* Melbourne: Macmillan Education Australia PTY Ltd., 1995

ENDRES, Alfred: *Umweltökonomie: Lehrbuch,* 3. Auflage. Stuttgart: W. Kohlhammer GmbH+Co. KG, 2007

GAISER, Brigitte/LINXWEILER, Richard/BRUCKER, Vincent (Hrsg.), *Praxisorientierte Markenführung: Neue Strategien, innovative Instrumente und aktuelle Fallstudien,* 1. Auflage. Wiesbaden: Gabler Verlag, 2005

HORVÁTH, Péter: *Controlling* 11.Auflage. München: Verlag Franz Vahlen GmbH, 2009

ICKS, Annette/KAUFMANN, Friedrich/MENKE, Andreas (Hrsg.): *Unternehmen Mittelstand: Chancen im globalen Strukturwandel.* München: C.H. Beck'sche Verlagsbuchhandlung, 1997

INGLEHART, Ronald: *Modernisierung und Postmodernisierung: Kultureller, wirtschaftlicher und politischer Wandel in 43 Gesellschaften.* Frankfurt/Main, New York: Campus Verlag, 1998

JÄNICKE, Martin/KUNIG, Philip/STITZEL, Michael: *Lern- und Arbeitsbuch Umweltpolitik: Politik, Recht und Management des Umweltschutzes in Staat und Unternehmen,* 2. aktualisierte Auflage. Bonn: Verlag J.H.W. Dietz Nachf. GmbH, 2003

JAKOB, Mariana Christen/VON PASSAVANT, Christina: *Corporate Social Responsibility: Impulse für kleine und mittlere Unternehmen.* Frauenfeld: Verlag Huber, 2009

KAPLAN, Robert S./NORTON, David P: *The balanced scorecard: translating strategy into action.* Boston (MA): Mcgraw-Hill Professional, 1996

KLANDT, Heinz: *Gründungsmanagement: Der Integrierte Unternehmensplan*, 2. Auflage. München: Oldenbourg Wissenschaftsverlag GmbH, 2006

KLOEPFER, Michael: *Umweltschutzrecht*. München: Verlag C.H. Beck oHG, 2008

KLÜPPEL, Hans-Jürgen: *Umweltmanagement für kleine und mittlere Unternehmen – Die ISO-14000-Normen und ihre Umsetzung*, 1. Auflage. Berlin/Wien/Zürich: Beut Verlag GmbH, 2006

KRAMER, Matthias/BRAUWEILER, Jana/HELLIG, Klaus (Hrsg,): *Internationales Umweltmanagement Band II: Umweltmanagementinstrumente und –systeme*, 1. Auflage. Wiesbaden: Gabler Verlag, Mai 2003

KRAMER, Matthias/URBANIEC, Maria/MÖLLER, Liane (Hrsg.): *Internationales Umweltmanagement Band I: Interdisziplinäre Rahmenbedingungen einer umweltorientierten Unternehmensführung*, 1. Auflage. Wiesbaden: Gabler Verlag, Mai 2003

MÜLLER, Armin: *Umweltorientiertes betriebliches Rechnungswesen*, 3. Auflage. München: Oldenbourg Wissenschaftsverlag GmbH, 2010

MÜNDERLEIN, Jobst/WELZEL, Michael (Hrsg): *Corporate Social Responsibility: Erfolgsfaktor für den Mittelstand, Münchner Beiträge zur nachhaltigen Entwicklung, Band 01*, 1. Auflage. München: Jobst Münderlein & Michael Welzel GbR, 2006

PETERS, Heinz-Joachim: *Umweltrecht*, 4. Auflage. Stuttgart: W. Kohlhammer GmbH+Co. KG, 2010

PETKOVIC, Mladen: *Employer Branding: Ein markenpolitischer Ansatz zur Schaffung von Präferenzen bei der Arbeitgeberwahl*, 1. Auflage. München und Mering: Rainer Hampp Verlag, 2007

PILLKAHN, Ulf: *Trends und Szenarien als Werkzeuge zur Strategieentwicklung: Wie Sie die unternehmerische und gesellschaftliche Zukunft planen und gestalten*. Erlangen: Publicis Corporate Publishing, 2007

PROFFEN, Volker: *Corporate Social Responsibility und Global Governance: Entwicklungs-PPP als Unternehmensbeitrag zum Erreichen der Millennium Development Goals*. Berlin: Weißensee Verlag, 2009

RENNINGS, Klaus/ANKELE, Kathrin/HOFFMANN, Esther/NILL, Jan/ZIEGLER, Andreas: *Innovationen durch Umweltmanagement: Empirische Ergebnisse zum EG-Öko-Audit*. Heidelberg: Physica-Verlag, 2005

Schindler, Martin: *Wissensmanagement in der Projektabwicklung – Reihe: Wirtschaftsinformatik Band 32, Herausgegeben von Dietrich Seibt, Hans-Georg Kemper, Georg Herzwurm und Dirk Stelzer*, 3. durchgesehene Auflage. Lohmar-Köln: JOSEF EUL VERLAG

SCHÖNBUCHER, Gerald: *Unternehmerische Orientierung und Unternehmenserfolg: Eine empirische Analyse*, 1. Auflage. Wiesbaden: Gabler Verlag/Springer Fachmedien Wiesbaden GmbH, 2010

TERESCHENKO, Olga/KIENEKE, Tobias: *Erfolgsfaktoren: Stand der Forschung und Entwicklungsperspektiven*. Saarbrücken: VDM Verlag Dr. Müller, 2007

WILDMANN, Lothar: *Einführung in die Volkswirtschaftslehre, Mikroökonomie und Wettbewerbspolitik: Module der Volkswirtschaftslehre Band I.* München: Oldenbourg Wissenschaftsverlag GmbH, 2007

WILLIS, Brett: *Green Intentions: Creating a Green Value Stream to Compete and Win.* New York: CRC Press Taylor & Francis Group, LLC, 2009

Publikationen

Studie Change to Green 2009 fml-Lehrstuhl f. Fördertechnik Materialfluss Logistik TU München/Markt u. Wirtschaft/Logistik Heute (Hrsg.): *Change to Green: Handlungsfelder und Perspektiven für nachhaltige Logistik und Geschäftsprozesse, Eine Studie des Lehrstuhls für Fördertechnik Materialfluss Logistik der TU München, Markt und Wirtschaft – Gesellschaft für Marktforschung und Unternehmensberatung, der Unternehmensberatung trilogIQa sowie des Fachmagazins Logistik HEUTE, 1. Auflage.* München: Huss-Verlag GmbH, 2009

THOMS, Christian: *Investitionsrechnung im Zusammenspiel mit der Finanzwirtschaft, Studienarbeit, 1. Auflage.* Nordersedt: GRIN Verlag 2007

Zeitschriften

BASSEN, Alexander/SENKL, Daniela: *Ermittlung von Leistungsindikatoren nachhaltiger Unternehmensführung aus Kapitalmarktperspektive.* In: Controlling – Zeitschrift für Erfolgsorientierte Unternehmenssteuerung, 04/05 2010

FISCHER, Thomas/HUBER, Robert/SAWCZYN, Angelika: *Nachhaltige Unternehmensführung als Herausforderung für das Controlling.* In: Controlling – Zeitschrift für Erfolgsorientierte Unternehmenssteuerung, 04/05 2010

HENKE, Ruth: *Keine Zukunft für Stromfresser.* In: Wirtschaft – Das IHK-Magazin für München und Oberbayern, 06/2010

HORX, Matthias: *Der neue Moralismus.* In: Trend-Report 2007 – Soziokulturelle Schlüsseltrends für die Märkte von morgen; Herausgeber: Zukunftsinstitut

HUFSCHLAG, Klaus: *Weltweites Carbon Accounting bei Deutsche Post DHL.* In: uwf, 01/2010

KÖNIG, Florian: *Kosten senken mit Green IT.* In: UmweltMagazin, Juni 2010

KURTZ, Andrea: *Innovationen im Ladenbau.* In: Handelsjournal 05_10

LÜKE, Gabriele: *Der Handschlag gilt.* In: Wirtschaft – Das IHK-Magazin für München und Oberbayern, 05/2010

STELZER, Josef: *Markenzeichen für Nachhaltigkeit.* In Wirtschaft – Das IHK-Magazin für München und Oberbayern, 03/2010

WILDEMANN, Bernd: *Mit Werten führen'.* In: Wirtschaft Weiterbildung, 05_10

ZABEL, Hans-Ulrich: *Klimawandel – wirtschaftliche Relevanz und Herausforderungen für das Betriebliche Nachhaltigkeitsmanagement.* In: uwf, 1/2010

Internet

B.A.U.M. e.V.: *Ziele* URL: http://www.baumev.de/default.asp?Menue=129, aufgerufen am 26.09.2010

BAUS, Ralf Thomas: *Bündnis 90/Die Grünen im Fünfparteiensystem*. URL: http://www.kas.de/upload/dokumente/verlagspublikationen/Volksparteien/Volksparteien_baus.pdf, aufgerufen am 03.10.2011

BImSchG 2010: BUNDESMINISTERIUM FÜR JUSTIZ: *Gesetz zum Schutz vor schädlichen Umwelteinwirkungen durch Luftverunreinigungen, Geräusche, Erschütterungen und ähnliche Vorgänge: Nichtamtliches Verzeichnis Artikel 1*. URL: http://www.gesetze-im-internet.de/bimschg/__1.html, aufgerufen am 10.07.2010

BMU 2008: Hrsg. Bundesministerium für Umwelt, Naturschutz und Reaktorsicherheit (BMU): Umweltbewusstsein in Deutschland 2008 - Ergebnisse einer repräsentativen Bevölkerungsumfrage; URL: http://www.umweltdaten.de/publikationen/fpdf-l/3678.pdf, aufgerufen am 08.01.10

BMU 2011: Dreizehntes Gesetz zur Änderung des Atomgesetzes - vom 31.07.2011, in Kraft getreten am 06.08.2011, veröffentlicht im Bundesgesetzblatt Jahrgang 2011, Teil 1, Nr. 43 vom 05.08.2011, Seite 1704. URL: http://www.bmu.de/atomenergie_ver_und_entsorgung/downloads/17_legislaturperiode/doc/47463.php, aufgerufen am 12.11.2011

BMU Umwelterziehung Bundesministerium für Umwelt, Naturschutz und Reaktorsicherheit (BMU): Kurzinfo Bildungsservice; URL: http://www.bmu.de/publikationen/bildungsservice/kurzinfo/doc/7873.php, aufgerufen am 15.10.2010

Bundeszentrale politische Bildung 2010: Bundeszentrale politische Bildung: Postmartialismus. URL: http://www.bpb.de/popup/popup_lemmata.html?guid=ADZZG9, aufgerufen am 09.01.10

Capital 2010: *Ökobanken: Institute profitieren von Finanzkrise*. In: Capital Investor Ausgabe 17/2010 vom 30.04.2010 URL: http://www.capital.de/finanzen/:Ausgabe-vom-30--04--2010/100029960.pdf, aufgerufen am 25.09.2010

Caralli 2004: CARALLI, Richard: *The Critical Success Factor Method: Establishing a Foundation for Enterprise Security Management*. July 2004. URL: www.cert.org/archive/pdf/04tr010.pdf, aufgerufen am 09.01.2010

DJSI 2010: *Dow Jones Sustainability Indexes*. URL: http://www.sustainability-index.com/; aufgerufen am 25.09.2010

Deutsche Post Internetauftritt: *Deutsche Post: GoGreen - CO_2-neutral versenden*. URL: http://www.deutschepost.de/dpag?xmlFile=link1020868_1020860, aufgerufen am 03.10.2011

Deutschlandtrend 2011: *ARD-DeutschlandTREND April 2011 (II): 43 Prozent wollen Atomausstieg noch vor 2020 - Schneller Ausstieg selbst bei steigenden Strompreisen*. URL: http://www.wdr.de/unternehmen/presselounge/pressemitteilungen/2011/04/20110407_deutschlandtrend_2.phtml, aufgerufen am 12.11.2011

DRIESCHNER, Frank: *Hungersnot in Ostafrika Selbst schuld? Von wegen!* in: DIE ZEIT, 14.7.2011 Nr. 29. URL: http://www.zeit.de/2011/29/Somalia-Hungersnot-Klimawandel, aufgerufen am 12.11.2011

EMAS 2010: EMAS: *Rechtliche Grundlagen: Internationale Normen.* URL: http://www.emas.de/rechtliche-grundlagen/internationale-normen/, aufgerufen am 16.09.2010

EUFIS EU-Glossar 2010: EUFIS: *EU-Glossar.* URL: http://www.eufis.de/eu-glossar.html?title=Sekund%E4rrecht, aufgerufen am 12.10.2010

EUROPA 2010: EUROPA: *Zusammenfassungen der EU-Gesetzgebung: Institutionelle Fragen Primärrecht.* URL: http://europa.eu/legislation_summaries/institutional_affairs/decisionmaking_process/l14530_de.htm#, aufgerufen am 12.10.2010

Europäische Kommission 2010: Europäische Kommission Online-Magazin Unternehmen & Industrie: *Öko-Design für eine nachhaltige Zukunft.* URL: http://ec.europa.eu/enterprise/e_i/news/article_9741_de.htm; aufgerufen am 07.01.2010

EUROPA UMWELT: EUROPA: *Umwelt Die Welt um uns herum schützen, erhalten und verbessern,* URL: http://europa.eu/pol/env/index_de.htm, aufgerufen am 07.01.2010

FORTHMANN, Jörg, Faktenkontor GmbH, na Presseportal, *Umfrage: BP segelt ins Image-Fiasko,* URL: http://www.presseportal.de/pm/52884/1637278/faktenkontor, aufgerufen am 02.10.2010

FAZ.net *Erneuerbare Energien Öko-Dax birgt hohes Risiko - Text: F.A.Z., 06.06.2007, Nr. 129 / Seite 21;* URL: http://www.faz.net/s/RubF3F7C1F630AE4F8D8326AC2A80BDBBDE/Doc~E8B0899 77F59F4337AFFB4205D733E081~ATpl~Ecommon~Scontent.html, aufgerufen am 25.09.2010

GELDANLAGE ANBIETER.DE: Geldanlage Anbieter.de *Öko-Fonds vor Anleger-Explosion in 2010?;* URL: http://www.geldanlage-anbieter.de/news/oeko-fonds-vor-anleger-explosion-in-2010_0024.html, aufgerufen am 25.09.2010

Globalisierungsfakten: Globalisierungsfakten: *Nachteile der Globalisierung.* URL: http://www.globalisierung-fakten.de/globalisierung/nachteile-der-globalisierung.html, aufgerufen am 03.10.2011

Global Reporting Initative *What is GRI?* URL: http://www.globalreporting.org/AboutGRI/WhatIsGRI/, aufgerufen am 06.04.2010

Gtz AgenZ 2006: Hrsg: gtz AgenZ Agentur für marktorientierte Konzepte: *Zukunftsfaktor Nachhaltiges Wirtschaften Ergebnisse einer Studie zur Umsetzung nachhaltigen Wirtschaftens in international tätigen deutschen Unternehmen;* URL: http://www.agenz.de/agenz/data/Ideen-Zukunftsfaktor-NW-Download.pdf, aufgerufen am 09.01.2010

IFOK/Frings 2007: IFOK GmbH/ Ellen Frings: *Der Nutzen von Nachhaltigkeit*, Stuttgart, Methodenwerkstatt Nachhaltigkeitsbericht, 18. September 2007; URL: http://www.umweltschutz-bw.de/PDF_Dateien/Veranstaltungen/Veranstaltungen_2007/Seminar_Nachhaltigkeit/Seminarbeitrag_Frings_Teil_1.pdf?timme=0&lvl=0, aufgerufen am 13.01.2010

Innovationsreport WESNITZER, Antonia: *Personalschwund und Qualifikationsdefizit gefährden Unternehmen weltweit*, URL: http://www.innovations-report.de/html/berichte/studien/bericht-41284.html, aufgerufen am 13.01.10

Kaiser 2010: KAISER, Tina: *BP-Aktie auf 13-Jahres-Tief – Vorstand ratlos*. URL: http://www.welt.de/wirtschaft/article7983607/BP-Aktie-auf-13-Jahres-Tief-Vorstand-ratlos.html, aufgerufen am 16.10.2010

Klimaretter.Info 2010: Klimaretter.Info: *CSU fordert eine Flugbenzin-Steuer*. URL: http://www.klimaretter.info/nachrichtensep/mobilitaet-nachrichten/5979-csu-fordert-eine-flugbenzin-steuer; aufgerufen am 14.10.2010

LEISINGER, Klaus: *Globalisierung, minima moralia und die Verantwortung mulitnationaler Unternehmen*; URL: http://www.novartisfoundation.org/platform/apps/Publication/getfmfile.asp?id=612&el=1091&se=941880&doc=80&dse=5, aufgerufen am 06.11.2011

LIN-HI, Nick: Gabler Wirtschaftslexikon – Greenwashing. URL: http://wirtschaftslexikon.gabler.de/Definition/greenwashing.html, aufgerufen am 05.11.2011

Nachhaltige Investments: *Entwicklung nachhaltiger Investments*; URL: http://nachhaltige-investments.4lima.de/geschichte_grundlagen_entwicklung_nachhaltige_investments_sri_einfuehrung.html; aufgerufen am 25.09.2011

Natur-Aktien-Index, *NAI – Der Natur-Aktien-Index*; URL: http://www.nai-index.de/, aufgerufen am 25.09.2010

Natur-Aktien-Index, *Die NAI-Kriterien Zusammenfassung*; URL: http://www.nai-index.de/seiten/kriterien_kurz.html, aufgerufen am 25.09.2010

Peter Preiß: *Einführung der Hauptbuchkonten nach der Modellierungsmethode*; URL: http://www.wipaed.wiso.uni-goettingen.de/~ppreiss/ReWe/EinfHaupt22.html, aufgerufen am 07.04.2010

QUM 2011: QUMsult Qualitäts- und UmweltManagement: *Die ISO 14001:2009-11 - Umweltmanagement mit System*; URL: http://www.qumsult.de/iso_14001_revision.htm, aufgerufen am 27.11.2011

Roland Berger 2009: Roland Berger: *GreenTech-Atlas 2.0 von Roland Berger Strategy Consultants für das Bundesumweltministerium*; URL: http://www.rolandberger.com/company/press/releases/519-press_archive2009_sc_content/GreenTech_Atlas_2_0_de.html, aufgerufen am 02.10.2010

Roland Berger 2010: Roland Berger: *Green Business*; URL: http://www.rolandberger.com/media/pdf/Roland_Berger_taC_Green_Business_20100830.pdf; aufgerufen am 12.10.201

Statistika 2010: Statistika: *BP-Ölkatastrophe: Entschädigungszahlungen, Schätzungen für Entschädigungszahlungen des Konzerns BP in Bezug auf die Ölkatastrophe im Golf von Mexiko.* URL:
http://de.statista.com/statistik/daten/studie/160539/umfrage/bp-oelkatastrophe%3A-entschaedigungszahlungen/, aufgerufen am 02.10.2010

Statistika, *Kundenentwicklung Ethische Banken Anzahl der Kunden von ethischen Banken in Deutschland von 2007 bis zum 1. Halbjahr 2010*, URL:
http://de.statista.com/statistik/daten/studie/164031/umfrage/kundenentwicklung-ethische-banken-in-deutschland/#stat, aufgerufen am 25.09.2010

Stern 2006: STERN, Nicolas: *Stern Review: The Economics of Climate Change Part II: The Impacts of Climate Change on Growth and Development.* URL:
http://webarchive.nationalarchives.gov.uk/+/http://www.hm-treasury.gov.uk/d/Chapter_6_Economic_modelling_of_climate-change_impacts.pdf, aufgerufen am 03.10.2011

Tagesschau 1: URL: http://www.tagesschau.de/ausland/oelteppich238.html, aufgerufen am 02.10.2010

Tagesschau 2: URL: http://www.tagesschau.de/wirtschaft/hayward120.html, aufgerufen am 02.10.2010

Think Eco.org – die Umweltcommunity zum Mitmachen: *Ökologische Geldanlagen*; URL: http://www.think-eco.org/wiki/%C3%96kologische_Geldanlage, aufgerufen am 25.09.2010

Thorn 2011: THORN, Michael: *Europäische Förderprogramme im Energie- und Umweltbereich Informationsveranstaltung Rostock 1. Juli 2010 FP7, Aufruf 2011 Umwelttechnologien;* URL:
http://www.steinbeis-nordost.de/dokumente/02_NKS_Umwelt_FP7_Umwelttechnologien.pdf, aufgerufen am 05.11.2011

Umweltbank: *Geschäftsbericht 2010;*URL:
http://www.umweltbank.de/unsere_aktie/index_gb.html,
aufgerufen am 25.09.2010

Umwelt-Lexikon *Umweltberichterstattung*; URL:
http://www.umweltdatenbank.de/lexikon/umweltberichterstattung.htm, aufgerufen am 06.04.2010

United Nations Environment Programme: *ORGANIZATION PROFILE;* URL:
http://www.unep.org/PDF/UNEPOrganizationProfile.pdf ,
aufgerufen am 26.09.2010

United Nations Global Compact: *Overview of the UN Global Compact;* URL:
http://www.unglobalcompact.org/AboutTheGC/index.html,
aufgerufen am 06.04.2010

UnternehmensGrün e.V.: *Wer wir sind*; URL: http://www.unternehmensgruen.org/UEber-Uns.33.0.html, aufgerufen am 26.09.2010

Visuelle Politik: http://www.visuellepolitik.at/2009/12/09/klimawandel-eisbaer/, aufgerufen am 12.10.2010